# 城乡居民理性预期与理性消费

张令娟　著

中国原子能出版社

**图书在版编目(CIP)数据**

城乡居民理性预期与理性消费 / 张令娟著. — 北京：
中国原子能出版社，2020.5 （2024.1重印）
ISBN 978－7－5221－0551－2

I. ①城⋯　II. ①张⋯　III. ①居民消费－研究－中国
IV. ①F126.1

中国版本图书馆 CIP 数据核字(2020)第 075398 号

城乡居民理性预期与理性消费

| | |
|---|---|
| **出版发行** | 中国原子能出版社(北京市海淀区阜成路 43 号　100048) |
| **责任编辑** | 胡晓彤 |
| **装帧设计** | 刘慧敏 |
| **印　　刷** | 河北文盛印刷有限公司 |
| **经　　销** | 全国新华书店 |
| **开　　本** | 787 mm×1092 mm　　1/16 |
| **印　　张** | 12 |
| **字　　数** | 210 千字 |
| **版　　次** | 2020 年 5 月第 1 版　　2024年1月第 2 次印刷 |
| **书　　号** | ISBN 978－7－5221－0551－2　　**定　价**　58.00元 |

网址:http://www.aep.com.cn　　　E-mail:atomep123@126.com
发行电话:010－68452845　　　　版权所有　侵权必究

# 前 言 PREFACE

　　理性消费是指消费者在消费能力允许的条件下，按照追求效用最大化原则进行的消费。从心理学的角度看，理性消费是消费者根据自己的学习和知觉做出合理的购买决策，当物质还不充裕时，理性消费者心理追求的商品是价廉物美经久耐用。早在两千多年前，圣贤孔子就倾向于"节俭"，反对奢侈浮华的生活方式，主张节俭朴素的生活方式，但又不赞成过于节俭。坚持适度消费、理性预期消费观念，是我国优秀的文化传统，这对引导城乡居民理性消费有着积极的意义。

　　本书探讨了城乡居民最初消费倾向及不同的消费者其消费、效用随预期消费变化的关系，得出中国城镇居民消费具有理性和预期性等特点，同时运用现代理性预期理论，着重分析了我国消费者行为的预期对我国消费需求的影响，进而提出改善消费预期的对策和建议，以期为城乡居民理性预期与理性消费的研究爱好者提供帮助。

　　本书由张令娟（内蒙古财经大学）著。在写作过程中，笔者参考了部分相关资料，获益良多。在此，谨向相关学者和师友表示衷心感谢。

　　由于水平所限，有关问题的研究还有待进一步深化、细化，书中不足之处在所难免，欢迎广大读者批评指正。

著　者

2020 年 5 月

# 目 录 CONTENTS

# 第一章　城乡居民消费需求及消费理性分析

## 第一节　消费需求相关理论

### 一、基本概念概述

#### (一)消费与消费需求

▶▶ 1.消费的概念

消费是人们为了满足自身的生存、享受和发展需要而消耗各种物质文化资料的过程。作为客观存在的社会经济现象,消费是人类自身赖以生存的根本前提。人们为了能够创造历史,必须能够生活。但是为了生活,我们首先就需要衣、食、住及其他东西。消费还是人类自始至终都在进行的行为过程,其具有自然性和社会性双重属性。它具体表现在以下两个方面:一方面是从自然界的生物生存和进化角度来看,消费过程是自然界的新陈代谢过程。它是人类为了维持和发展自身、繁衍后代而占有、支配和使用生存资料的过程,它反映的是消费过程中人与消费对象之间的具体关系。人从出现在地球舞台上的那一天起,每天都要消费。不管在他生产以前和生产期间都是一样。消费者把消费的对象用于满足个人生活需要的过程,它是一种生理意义上的行为,具有自然性;另一方面是从人类的生产过程和社会生活角度来看,消费是人们相互之间的经济交往和社会交往的过程。它可以成为一切社会经济活动的起点。消费乃是一切经济活动之唯一目的,唯一对象。在经济过程中,消费使得社会再生产过程得以进行和延续。正因为消费资料的生产,它产生了对生产资料的需要,也有了生产资料的发展。而在社会生活中,消费不仅仅是商品使用价值的实现过程,也是消费主体以个体方式整合到社会群体中。它是实现社会关系的再生产和宏观社会结构重建的一个过程,在社会群体整合中发挥着重要作用。消费实质上是一种社会关系,它是人们通过消费他人和自身创造的物质精神财富,生存与发展自身的行为。它不仅体现着个人与社会生产之间的关系,还表现出的是不同群体之间的相互交往和相互依存的社会关系。人们的消费状况又体现着基于社会分配关系制约的、由收入水平差异形成的消费水平差异,它是社会结构所决定的收入分配制度的体现,从而体现为有分层次表现的消费关系。因此,消费总是在一定的社会经济关系中进行的,通过消费对象(包括消费资料和劳务消费)的中介表现出来的人与人之间的社会关系。

### ▶▶ 2. 消费需求的概述

基于不同的研究目的,人们对消费需求的概念进行了不同的表述。学者们一般认为,消费需求是在一定时期内,在各种可能的价格水平下,消费者愿意而且能够购买的商品或劳务的数量。一种商品的需求是指消费者在一定时期内在各种可能的价格水平下,消费者愿意而且能够购买的该商品的数量。消费者对一种商品的需求,它是指在一个特定时期内消费者在各种可能的价格下愿意而且能够购买的该商品的数量。经济学在使用需求这个概念的时候,总是指在某个价格水平下,消费者愿意并且能够购买的商品或劳务的数量。从以上概念我们可以看出,我们对消费需求所定义的中心词基本上是"数量"。这些概念界定的应当是消费需求在量方面的特征,而不是消费需求概念本身,它缩小了消费需求概念的内涵。消费需求不仅仅表现在商品或服务的数量属性方面,至少还应当包括消费对象的结构和质量属性方面。

也有学者认为,需求是在一定时期全社会对商品及服务有货币支付能力的购买力或者消费需求是指消费者对以商品和劳务形式存在的消费品的需求和欲望。这两个定义前一个仅将消费需求定位于经济生活中的客观购买力,它与需求必须体现消费主体的主观欲望或动机的涵义相违背;后一个则将消费需求仅界定为消费主体主观上对消费对象的"需求和欲望"。它仅仅是消费需求所表现出的主观方面的一个特性,而忽略了消费需求的客观属性。因此,这两个定义都割裂了消费需求主观和客观两个方面的属性。

实际上,消费需求不仅要表现为客观的购买力,还要以人们主观需要为基础。它既有人们的主观需求或欲望,也有作为社会经济中实际存在的客观方面特性。消费需求应当是主观限制于客观,并反映主观欲望的客观存在。需求是贸易的物质内容交换对象的总和,它可以用来进行交换和贸易的商品的总和。消费需求的客观性也就表现为客观存在的"交换对象的总和""商品的总和"。

市场上出现的对商品的需要,即需求。因此,需求首先是一个商品经济的范畴,它不同于需要;需要是与生俱来的,而需求则不是。需求表现为市场上有现实购买能力的需要,它是一个历史的范畴。需求的实质内容即对特定商品或服务的货币支付能力。需求不是撇开商品或服务的具体使用价值的泛泛需求,而是针对特定商品或服务进行的,它是特定商品或服务的需要。需求中的货币支付能力也不是抽象的、通用的货币支付能力,而是针对特定商品或服务的货币支付能力。

消费需求的概念应当包含以下三个内容:一是消费主体具有购买商品或服务的主观愿望或欲望;二是消费主体本身也具有购买能力;三是还有客观的商品或服务存在,并且在当时的、特定的社会经济条件下,具体的购买行为能够真正实现。简而言之,消费需求就是消费主体有支付能力的、可实现的消费意愿。

**▶▶ 3. 消费需求的构成因素**

(1)消费主体

任何消费,它总是表现为消费主体购买商品或服务以满足自身的物质和精神需要的过程。没有消费主体,消费也就不复存在。产品只有对消费者这个主体而言才是产品,并且只有通过被主体消费,它生产产品的整个过程才能够得以最后完成。一件衣服由于穿的行为才现实地成为衣服;一间房屋无人居住,其事实上就不成其为现实的房屋。无论怎样,消费需求首先要表现为某一消费主体的需求,离开消费主体,其消费需求也就没有意义。

(2)支付能力

在一定时期和生产力水平下,消费主体对购买商品或服务的支付能力总是有限的,其购买行为要受购买力的限制。消费者虽然有购买意愿但没有购买能力,这还只属于需要的范畴,而不是需求。需要是人们为了满足自己的生存和发展时获得物质财富和精神财富的愿望或欲望,它不一定是可以实现的。需求和需要是不同的,需求是商品经济条件下通过市场、进行交换的商品的等价物,它是需要的实现。所以,消费需求必须以人们现有的实际购买力为前提,只有在有支付能力保证下的需要才是消费需求。

(3)消费意愿

目前,我国经济的巨大增长促进了人民生活水平的日益提高和商品的极大丰富,这给人们带来了更多的消费选择。消费的内在动因是消费主体具有消费的主观愿望或者欲望,消费是消费主体在主观的购买意愿指导下进行的。如果消费者对商品或服务没有购买意愿,也就不可能再进一步完成后续的具体购买行为。

（4）实现环境

消费是在一定的条件和环境下进行的过程，消费主体即使有消费意愿也有支付能力。但由于受到自然、经济和社会条件的限制，消费者要购买的具体商品或服务不足或并不存在。在消费需要难以实现时，它则还是不属于消费需求。至于需求，它只有在掌握交换手段的条件下才有效。

### ▶▶ 4.消费需求的特点

（1）客观性

消费需求的产生是客观的，消费对象是客观的。消费是人类自身生存和发展的最基本需要，消费需求并不仅仅表现为人们主观上的欲望、愿望、追求和偏好等主观方面的特性，它还是人们生存和发展的客观需要。它是不以人的意志为转移的客观存在，这种客观存在具体表现为实际存在的、现实的商品或服务的总和。

（2）主观性

消费需求的表现形式是主观的，它是消费主体个人自身的文化背景、审美观点、对商品和服务的个人好恶等的主观表现。不仅不同的消费主体对同一个商品或服务存在着主观评价的差异，而且同一消费主体在不同阶段的好恶也并不相同。它有着很强的主观性。

（3）层次性

我们按照马斯洛的需要层次理论，人们需要分为生理、安全、社交、尊重和自我实现五个层次。在这五个层次中，前两个层次属于物质需要的范畴，后三个层次属于精神需要的范畴。它们呈现出由低到高的递进关系。作为这些需要的实现，消费需求也总是先满足最基本的物质需求后，再满足其他需求。

（4）扩展性

在社会经济生活中，人们的消费需求具有丰富多彩的多样性特征。由于一个国家的气候和其他自然特点不同，食物、衣服、取暖、居住等自然需要也就不同。因此，消费需求不仅有吃穿用住行的需求，还有精神文化的需求；人们既有生产资料的需求，也有生活资料的需求。同时，由于社会经济的发展，人们的消费需求会不断上升。科学技术的不断进步，也使得消费内容不断丰富，其消费需求得到不断扩展。

（5）有限性

如果将消费需求理解为对特定商品或服务的需求，那么人们的消费是有限的。如住房、大米、汽车等都不可能是消费得越多越好。消费需求总是受人们自身的身体条件、外界资源条件等的制约，更不必说总体还要受社会生产与可支配财富的有限性制约。

（6）社会性

消费需求是建立在人们的社会关系之中的。在不同的生产力水平和社会制度中，人们的消费需求也是不同的。除了消费主体生理上的特征之外，消费需求的差别不仅源于消费主体在社会中所处地位，还要受到这种社会关系和社会性质的限制。我们的需要和享受具有社会性质。

#### ▶▶ 5. 消费需求的影响

（1）消费需求对经济增长的拉动作用

在经济运行过程中，消费需求与投资需求、出口需求，共同构成了社会总需求。作为社会总需求的一个部分，消费需求对国民经济的发展有着巨大的拉动作用。这种作用表现在以下两个方面：一方面是直接拉动。它是指消费需求能直接拉动经济发展，消费需求增长导致消费品生产的直接增长。国内生产总值的增加是由消费增加、投资增加和进出口增加构成的。在消费增长与经济增长之间，没有中间环节或中间变量，消费需求的增长直接表现为经济的增长；另一方面是间接拉动。它是指消费需求通过拉动其他变量而拉动经济增长。消费需求的增长为生产扩大提供实现的可能，从而产生引致投资，投资增长又拉动经济增长。而且，间接拉动作用也是巨大的。因为消费需求对投资需求的拉动是按照加速原理进行的。即使较小的消费需求增长，也会导致投资需求的巨大增长。当然，消费需求对经济产生的拉动作用是在不存在资源约束的条件下进行的。

（2）消费需求在经济周期波动中的稳定作用

作为国民经济中的最终需求，消费需求不仅拉动了经济增长，也能够缓解经济周期的剧烈波动。在经济的波动周期中，消费需求的变化相对平缓，并且往往滞后于投资需求的变化。在很大程度上，它削弱投资需求剧烈变动造成的国民经济动荡。在投资需求有较大增加时，消费需求并不会同步等比例变化。这也就约束了投资需求的增长速度，从而使得经济不会过热；而在投资减少下降时期，则由于消费的惯性作用使得消费需求下降相对滞缓，从而对经济剧烈衰退起到了遏制作用。

### （二）结构分析与作用机理

▶▶ 1.结构分析的相关知识点

结构分析是指将社会经济系统作为一个系统来研究，它将系统中的各组成部分或构成要素进行分层或分类，并对其功能和作用进行比较及对各组成部分的变动规律所进行的分析方法。结构分析既有静态分析，即在一定时间内，人们对社会经济系统中的各组成部分及构成要素进行定性或定量的比较分析；也有动态分析，即对不同时期内的社会经济结构的变动进行比较研究。结构分析在定性方面的研究，它主要是对各组成部分及构成要素进行定性的归类比较。它以层或类的特征来明确各层级、各类别的共性特征以便与其他层级或类别相区分，从而从不同的方面反映总体的性质。结构分析在定量方面的研究，其基本表现形式就是计算结构指标。也就是在统计分组的基础上，分析组成总体的各个部分所占的比重，进而分析总体的内部结构特征及总体内部结构依时间推移而表现出的变化规律性。

通过结构分析，我们可以认识总体的结构特征和构成因素特征。它不仅可以揭示各个组成部分之间的相互依存关系，还可以揭示总体的各个组成部分和构成要素的变动规律。通过研究总体结构变化过程，我们可以揭示现象总体由量变逐渐转化为质变的规律性。

▶▶ 2.作用机理概念与特征

机理是事物发展中本身所固有的本质的、必然的稳定联系，也就是事物内在的本质的客观规律。机理与现象之间存在着普遍联系、永恒发展和系统性的特点。消费需求影响因素的作用机理，它是指社会经济生活中影响因素作用于消费需求的本质的、固有的、内在规律。消费需求影响因素的作用机理属于社会机理的范畴，其特征也就表现为客观必然性和相对合理性的统一。

（1）客观必然性

在事物发展中，机理是本身所固有的本质的必然的稳定联系。它具体体现在以下三个方面：一是机理是事物的本质联系，即他们所体现了事物本身所固有的内在的根本性质和发展过程；二是机理是事物的必然的联系，机理意味着必然性的确立，它代表着事物必定如此、确定不移的趋势；三是机理是事物的稳定联系，它是事物不断运动现象中的相对稳定的联系。

（2）相对合理性

在社会机理中，它既包含着客观必然性，又包含着对主体来说的合理性；它既存在客观制约主观的关系，又同时存在主观制约客观的关系，这是这两种关系的统一。消费需求影响因素的作用机理，其相对合理性表现在以下两个方面：一方面是相对的重复性。社会机理自身存在方式和发挥作用的条件、范围是多层次的，它所表明的是在一定条件下社会发展过程中反复出现的现象、过程及在其中蕴含着的内在趋势。尽管社会机理因主体不同而不可能完全一致或再现。但在某种相似条件下，社会发展仍会表现出某种相同的内在趋势；另一方面是相对的精确性。由于社会结构及其历史发展的极端复杂性和多样性，人们的需要、利益、情感、意志和活动的变化会造成社会规律的变化。在运用科学的世界观和方法论的前提下，人们具有促进社会发展的主导性趋势和倾向，并能够一步步逼近社会的真实图景和过程。但这一逼近的过程是相对的，它并不一定完全精确。社会机理作为社会中人的活动的产物和基础，它与自然规律是有区别的。

#### ▶▶▶ 3. 机理和机制的区别

"机制"一词最早源自希腊文，其本意是指机体的构造、功能及其相互关系。后来，它逐渐衍生为某一系统所体现和应当遵照的运行规则，也就是能使系统各部分有机联系起来的。它能够协调运行而发挥作用的具体运行规则。

机制是与机理紧密联系的一个概念，我们可以将"机制"理解为"机理"加上"制度"。机理是不以人的意志为转移的、反映事物本质的客观规律，它是机制各要素存在与运行的必要条件。机制是人们根据机理来设计的制度规则体系。机制设计时有需要达到的明确目标，而且设计要以机理所刻画的客观规律为基础。

机制是由问题引起，它是围绕目标进行的。机制的构成一般包括参与者（主体、客体与介质）、关系（关系类型、作用方式和适应环境）及规制（空间、时间和能量等）三个方面。社会经济机制一般不以实物形态为目标，它大多偏重于事件和所处环境的分析。因此，设计结果最终的表现形式通常为解决问题的模型结构或指标体系。

## 二、研究的理论基础

### （一）马克思主义消费理论知识

在《政治经济学批判（导言）》《1857－1858 年经济学手稿》和《资本论》中，马克思系统地研究了资本主义生产方式中消费的性质、地位和作用。他阐述了生产与消费之间的相互关系。马克思主义消费理论主要包括社会再生产理论、消费力理论、工资理论与资本主义经济危机理论四个部分。

### （二）西方经济学消费理论知识

西方经济学以发达的市场经济为背景，从不同角度、不同方面对消费进行了全面和深入的研究，西方经济学消费理论包括消费总需求理论、消费函数理论、消费效用理论、消费阶段理论、消费福利理论及消费者行为理论等众多内容。

西方经济学消费函数理论对消费需求与其他经济变量之间的关系做了大量分析形成了众多消费函数理论，它揭示了市场经济运行过程中消费需求的形成机理。在确定性条件下，西方经济学从现期收入和长期收入的角度对消费的影响进行研究。最具代表性的是杜森贝里的相对收入假说、凯恩斯的绝对收入假说、莫迪利安尼的生命周期假说和弗里德曼的持久收入假说等消费函数理论。

### （三）市场经济条件下的消费需求实现理论

**▶▶ 1. 市场经济条件下消费需求实现理论的提出及确立**

尹世杰教授、刘方域教授和杨圣明教授是我国消费经济学最重要的开拓者和主要创建者，他们对消费经济学科的创立和发展做出了突出而重大的贡献。他们的杰出研究成果确立了市场经济条件下消费需求实现的基本理论框架。他们可以引导人们科学认识消费需求在市场经济发展条件下的重要作用。

尹世杰教授在《光明日报》发表《加强对消费经济的研究》一文，他在我国第一次提出"消费经济是一门复杂的学科"的观点。杨圣明教授在《人民日报》发表了《倡议编制人民生活消费计划》一文，他开始了消费经济的对策性研究。杨圣明教授还在《经济研究》发表《谈谈消费的"生产"作用》，他强调社会生产过程中消费环节的重要性。

上海人民出版社出版了尹世杰教授主编的《社会主义消费经济学》一书,这是国内第一部系统研究社会主义消费经济问题的理论专著。这部专著中明确了消费经济学研究对象是人们在消费过程中的经济关系即消费关系及其发展规律。它不仅构建了消费经济学的理论框架,还确立了一系列基本经济范畴,从而使得我国经济学界开始把消费经济学作为一门独立的学科来研究。《社会主义消费经济学》填补了我国经济学科的空白,开拓了经济学科的新领域。

之后,我国著名经济学家厉以宁教授、刘方域教授都出版了消费经济学的基础理论著作。这两部著作的出版强调和明确了消费经济学独有的研究对象,它丰富了消费经济学研究的理论体系。

随后,尹世杰教授、文启湘教授陆续出版了多部消费经济学基础理论方面学术专著和教材,它进一步充实了我国消费经济学科的基础理论内容,其奠定了市场经济条件下消费需求实现理论的确立基础。这些专著和教材主要有:尹世杰教授的《消费经济学》《消费经济学原理》,文启湘教授的《中国消费经济学》《消费经济学导论》《消费经济学》。

**▶▶ 2.市场经济条件下的消费需求实现理论主要内容**

(1)消费需要与消费需求理论

在社会主义市场经济条件下,消费具有重要的地位与作用。消费创造着生产,并为生产过程提供了生产主体。消费是生产的目的,没有消费生产就不能得到最终的实现。社会主义生产目的是满足人民群众日益不断提高的消费需要。消费需求取决于社会的一定的人口总量和社会生产发展限度上所决定消费品的需求总量。人是社会、经济、文化的主体,他具有衣食住行等各种需要。消费需要呈现层次性变化,它不仅包括物质需要和精神文化需要,还应该包括生态需要在内。我们必须站在可持续发展的高度审视可持续消费。消费需求无论是总量的增长还是结构的变化,它对国民经济都产生着重要影响。它的实现途径主要有以下六个方面:一是引导投资的合理方向;二是调整与优化产业结构;三是增加有效供给;四是提高居民收入;五是完善社会保障体系;六是改善消费环境。

(2)消费力理论

消费力是指消费者为了满足自己的消费需要对消费资料(包括劳务)进行消费的能力,消费力包括消费主体(消费者)、消费客体(消费资料,包括劳务)和消费环境(自然环境和社会环境)三个要素。消费力可分为物质消费力、精神消费力和生态消费力三种类别。消费力不仅直接影响人的消费水平、消费结构和消费质量,还影响生产、流通、分配各个方面。消费力的不足制约着经济增长。当前,消费不足尤其是居民消费增长缓慢。这正是消费力不足的充分表现。与科学技术是第一生产力相对应,知识教育是第一消费力。生理需求的消费是最低层次的消费,而教育知识的消费。它包括使用先进的科学技术,知识经济和网络经济等,它们有可能成长为第一消费力。我们发展消费力要以人为本、提高消费力的主体、发展消费力的客体和提高消费环境的质量。我们通过提高居民的收入水平与改善消费环境等途径入手不断提高居民的消费力对扩大消费尤其是扩大居民消费具有关键意义。

(3)消费水平、消费结构和消费模式理论

消费水平反映的是消费者所消费的消费品和劳动的数量和质量。一般它可以通过价值消费量、实物消费量和劳务消费量等来对消费水平进行衡量。消费结构是在消费过程中各种消费的数量比例关系。我国消费结构的转变表现出从温饱到小康;从限制到疏导;从封闭到开放的趋势。合理消费的标准表现为在微观上,它是指消费、收入、储蓄三者大体同步增长;在宏观上,在积累率相对稳定的条件下,消费基金与国民收入大体同步增长。合理消费模式应当和生产、流通、分配结合起来。

(4)消费形态理论

消费包括劳务消费、文化消费、休闲消费和生态消费等众多形态。与实物消费对比,劳务消费的对象一般不具有实物形态。劳务消费的过程同时就是劳务生产的过程。劳务的提供对于劳动者个人的能力、素质的依赖程度较高。消费者对于劳务消费效果的评价由于缺乏显性的客观标准,一般具有较大差异。文化消费要受到历史传统、社会文化环境和社会意识等诸多主要因素的影响与制约。目前,我国的文化消费还存在消费比重偏低,其内部结构失衡、消费质量不高的问题。我们应当以社会主义核心价值观引导文化消费,加强文化产品及其服务的正确管理,并充分发挥主流文化的主导作用为文化消费的健康发展创造条件。随着国民收入水平和人民生活水平的提高,人们用于旅游、健身、娱乐、游戏、艺术、影视文化、教育等休闲活动的时间会越来越多,人们休闲消费的比重也将越来越大。相对于日益增长的休闲需求而言,我国目前的休闲产业还不能很好地满足人们的需要。我国正在积极增强休闲产品和服务的供给能力,给人们提供更多的休闲设施、拓宽休闲开发的空间、开辟更多的休闲娱乐场所和休闲产品。休闲产业对于提高国民经济的运行质量、带动产业发展具有重要作用。它也有利于加强精神文明建设、提高国民素质,从而促进社会和谐和弘扬和谐文化。生态需要是人类生存与发展的基本需要,人的生态需要的满足与实现及生态消费。生态消费的形式是多种多样的。目前,它主要有生态旅游、绿色消费等形式。我国目前影响生态消费的障碍主要体现在消费者外部环境因素的市场环境障碍、法制环境障碍和消费者自身因素的素质障碍。

(5)消费者行为理论

消费者行为是市场经济条件下最普通的行为方式,其行为特点影响到市场经济运行的各个方面。消费行为理论涉及消费主体的消费动机、消费心理、消费决策、消费者权益;消费客体因素的消费市场、消费环境、消费产品,它还包括消费行为本身的消费类型、消费习俗、消费引导等众多内容。市场经济条件下消费需求实现理论由最初相关概念内涵的界定式研究,进入到综合性基础性范畴研究,再进入到消费问题具体展开的研究。它的研究内容更加丰富,其理论研究更加深化,这使消费经济学科体系渐趋完善和成熟。它可以解决消费实践问题的能力逐渐提高,这对我国市场经济条件下的消费实践指导作用也进一步加强。

# 第二节　消费需求影响因素分析

## 一、消费的主体因素

### (一)消费的主体规模

消费主体因素对信息消费的影响是决定性的内生变量。主体规模就是在一定时期和地域范围内的人口数量。主体规模对消费需求总量产生直接的影响。在人均消费量一定的条件下,人口规模越大、人口数量越多,其消费需求就越大。在《人口减少的若干经济后果》中,凯恩斯对人口、消费水平和技术等因素在推动经济增长中的作用进行了详尽的理论分析并获得了实证数据的支持,他表明人口增加会直接地拉动消费增长。

长期的人口低增长已经严重影响了我国消费需求的增长。婴幼儿人口为纯消费人口,我国目前超低的生育率导致了婴幼儿数量的迅速下降。婴幼儿新增人口及未来总人口规模的缩小对我国消费需求的扩大起到了严重的负向作用。因此,就消费需求方面而言,我国继续控制生育就意味着减少终端消费。这与扩大消费需求的战略目标背道而驰,其生育率的控制政策已经不适应我国扩大消费需求的长期战略方针。所以在前几年开放二孩政策,这是中国实行的一种和计划生育政策相对应的生育政策,它可以应对中国老龄化,人口比例失调等问题。

### (二)消费的主体结构

#### ▶▶ 1. 年龄构成方面

不同年龄的消费主体,其消费方式存在显著的差异。年龄构成的变化对消费需求产生的影响效应,它表现在人口老龄化转变过程、出生率降低过程及人均寿命的延长对消费需求所引起的变化。

生命周期假说强调收入在人的一生中系统地发生变动,即个人可以通过跨期的最优配置,它可以使消费维持在最优的水平上。由于少儿时没有任何收入,其消费支出完全由抚养者提供;而退休时的消费来源于其劳动期的储蓄。因此,劳动适龄人口的收入和财富实际上分为以下三个部分:一是用于自身消费;二是用于抚养下一代;三是储蓄起来用于退休后开支。一个社会的被抚养人口由少儿和老年人组成,被抚养人口所占的比例即总抚养比(即被抚养人口与劳动适龄人口的比例),它对储蓄倾向将产生影响进而影响居民消费倾向。人口年龄结构发生了变化,少儿抚养比、老年抚养比及总抚养比的上升会提高居民消费率;反之,它则会降低居民消费率。

在我国经济还不发达的条件下,"未富先老"的人口老龄化带来了劳动力资源老化、社会保障负担沉重等一系列严重的社会经济问题。而从消费需求来看,人口老龄化的发展对我国消费需求也将产生深刻的影响。它不仅会影响消费需求总量,还会使消费需求结构发生显著的变化。而且,与生命周期假说相反的结论是,人口老龄化趋势也有可能会降低居民消费率。由于劳动适龄人口所需要负担的老年人口多,养老压力加大使得劳动适龄人口会减少现期消费。同时,人口预期寿命的不断提高,人们退出劳动期后的生存相应延长。我们为保障退休后生存期的生活水平不至于下降,劳动适龄人口也会因此增加储蓄而减少现期消费。而有的老年人还存在"战略遗赠动机",即通过遗产来控制其子女或通过积累大量的财富来维持其在家庭中的地位。

**➤➤ 2.地理分布方面**

（1）地区分布

改革开放以后,我国确定了广东深圳、珠海、汕头和福建厦门4个经济特区,14个沿海对外开放港口城市。我国实行让部分地区先富起来的优惠政策,加上原有的自然经济条件和资源优势,这使得东部与中西部经济发展差异越来越大。人口从中西部向东部地区流动频繁,这对我国人口分布产生了重大影响。从人口的地区分布来看,由于自然条件、历史背景、经济条件和政策因素的不同,居民消费观念存在巨大差异,这使得地域分布对消费需求产生直接影响。我国不同地区居民的消费水平差异也巨大,它表现出东部地区、经济发达省份居民的消费水平高,中西部地区、经济较不发达省份居民的消费水平低的特点。

（2）城乡分布

人口城乡结构反映了人口在城市和乡村的分布状态。如果城乡人口能够自由流动的话,人口的城乡结构会达到一种相对稳定的均衡状态。但长期以来,我国限制人口流动的户籍政策和计划经济体制割裂了城市和农村的社会经济的密切联系。这不仅形成了城乡差距,也使得我国居民被分割成城乡居民和农村居民两个身份完全不同的人口群体。改革开放以后,快速提高的农业生产力解除了农业劳动对农民的束缚。工业化的发展产生了对大量劳动力的需求为农村剩余劳动力进城务工提供经济条件。这才开启了我国农村人口向城市流动的城乡化进程,从而使得我国城乡人口分布有了比较大的变化。人口城市化过程是农村自然经济向城市集约经济转变的过程。在转变过程中,它还伴随着农村人口向城市的转移。人们收入水平的提高及生活方式的转变会对居民的消费行为产生重要影响。但城市化过程对消费需求的影响存在着正向和负向作用两个方面。学者们普遍认为,人口城市化过程对消费存在着收入效应和示范效应。它可以提高农民的收入水平,缩小城乡收入差距,改变消费观念。人口城市化水平与消费需求的扩大呈正相关关系,它对居民消费需求具有促进作用。也有的学者认为,我国改革以来城市化对提高居民消费率的贡献几乎为零,尤其是农村人口就地城乡化的小城乡化模式抑制了我国居民消费率的提高。还有的学者则认为,城市化率对消费率的正向影响只在开始的初期内为正。在之后较长时期内,城市化率对消费率有相对稳定的负向影响。

## 二、消费者支付能力因素

### (一)消费者绝对能力：收入水平

#### ▶▶ 1.居民收入分配

(1)国民收入初次分配

初次分配是指国民总收入直接与生产要素相联系的分配，初次分配分为家庭部门、企业部门和政府部门，它包括居民部门提供生产要素所得收入。政府部门利用国家权力以税金形式所得收入，企业部门以净营业盈余形式所得收入。初次分配主要由市场机制形成。对于消费需求来说，居民部门收入的增加会提高消费支出水平、提升消费层级；企业部门收入的升高有利于扩大再生产、提高供给水平；政府部门收入的增加有利于提高公共支出水平，扩大基础设施投资支出和教育等一般性支出。国民收入的资金流量表可以真实反映国民收入初次分配在各部门的资金流向。我国国民收入中居民所获得的份额在不断缩小，而政府和企业所获得的份额越来越大，其比重在不断提高。

(2)国民收入再分配

国民收入初次分配后各部门的收入，经过社会保障制度、税收制度和财政转移支付手段等再分配过程就形成了各部门的最终可支配总收入。国民收入再分配是在初次分配后国家基于对社会成员收入公平而采取的一种收入调节措施。目前，我国的国民收入再分配并没有起到有效调节收入分配差距的作用。因此，在国民收入初次分配中，政府获得的份额不仅逐年提高，而且越来越大。同时，通过财政税收政策等国民收入再分配，还进一步扩大了份额，而居民获得的份额却在不断缩小。居民收入比重的相对降低，其势必压缩居民消费，从而使得我国消费需求不足的趋势越来越明显。

#### ▶▶ 2.居民劳动报酬

在国民收入中，劳动报酬反映劳动力在初次分配中的所得即劳动力要素收益。长期以来，我国实行的是按劳分配原则。在原有分配原则的基础上，我们可以将按劳分配与按生产要素分配结合起来允许和鼓励资本、技术等要素参与分配。国民收入按要素分配格局的变化,这使得作为居民收入最主要来源的劳动报酬在国民收入初次分配中的比重相对下降,而资本收入(营业盈余)的比重则相对上升。同时,国民可支配总收入格局也发生了相应的变化。在国民可支配总收入中,居民收入的比重下降。

**(二)消费者相对能力:收入差距**

我国地域辽阔,各地区自然条件和经济基础的不同及长期以来的地区经济发展不平衡和客观存在城乡二元经济结构,这使得我国地区之间、城乡之间、群体之间的居民收入差距巨大。我国长期以来存在的城乡二元经济结构,这使得农村相对经济落后、农民收入水平低。城乡收入差距的扩大使城乡二元消费结构进一步固化,它严重削弱了我国居民的整体消费能力,其直接影响到我国消费需求的扩大。

居民收入差距的扩大,不同群体的收入增长幅度存在着差别,大多数居民的收入增长较慢。占人口比重大多数的中低收入家庭的收入比重在下降,其收入向少数高收入群体集中。这就使得中低阶层消费能力进一步减弱,从而导致我国居民整体需求的不足。

## 三、消费者的消费意愿因素

### (一)消费文化观念概述

▶▶ **1.目前我国的"混沌"消费文化观念**

(1)中国传统儒家的"黜奢崇俭"观念

中国传统儒家的消费文化观念是在几千年自给自足的自然经济条件下形成的。在消费文化观念上,农业社会的重农抑商体制使得就体现为"黜奢崇俭"。孔子倡导"奢则不孙,俭则固。与其不孙也,宁固",并把"俭"视为重要的道德品行。他主张"君子食无求饱,居无求安",倡导甘于清苦,"饭疏食饮水,曲肱而枕之,乐亦在其中矣。不义而富且贵,于我如浮云","一箪食,一瓢饮,在陋巷,人不堪其忧,回也不改其乐"。同时,传统的宗法理念和封建家长制,"君君、臣臣、父父、子子"的等级观念也为等级差异消费奠定了基础。它制约了消费的个性和自由形成对消费的过度抑制,也就使得商品经济的长期不发达。另外,儒家学者还强调消费时应当"取物以时""取物有节"方能"取物不尽",他们主张"天人合一"的人与自然和谐统一理念。

(2)短缺经济下的艰苦朴素、勤俭持家观念

改革开放前,在以商品短缺为特征的计划经济条件下,我国由于社会资源所限和分配方式的制约,量入为出、勤俭节约成为艰苦朴素的生活习惯。"常将有时思无时,莫待无时思有时"的消费心理在人们的日常消费中发挥主导作用,这形成了极度节约的弱消费观念。这种观念使得消费品难以更新换代容易导致消费不足,从而形成生产过剩。

(3)改革开放后多阶段、多元的消费理念

改革开放后,我国居民解决了温饱。随着经济发展水平的不断提高,人们的生活质量得到很大改善。在经历了长期物资短缺、生活贫困、消费需求被长期压抑之后,随着"供给制"的废除,居民消费的自主性得到了极大释放。人们对生活舒适的消费开始向往,其补偿消费成为家庭耐用品的升级换代成为家庭消费的动力。20世纪80年代,我国城乡形成了收录机、彩电、洗衣机和电冰箱等家电产品的消费热潮。到了20世纪90年代,进口空调、大屏幕彩电、移动电话和高保真音响设备又成为家电再一次升级换代的标志性产品。进入21世纪,随着住房、旅游、汽车等新消费热点的形成及互联网和大型超市的普及,居民消费观念又有了进一步的变化。这使得这期间的不同阶段,消费文化观念表现出了以下四个特征:一是改革开放初期以补偿消费、从众心理和模仿观念为主导;二是从20世纪90年代开始,我国逐步形成了从注重物质消费提高到注重精神消费。从解决温饱改善生活到提高生活质量,享受经济发展成主流消费文化观念;三是互联网的普及和传播,浏览式、游戏式等文化形式影响了人们的正常消费生活和心理诉求。它改变着人们的世界观、人生观和价值观;四是西方消费主义的传播使中国传统消费文化黯然失色。

▶▶ **2. 消费文化观念的影响**

(1)社会意识影响

在消费过程中,每一个消费主体都会受到广告等大众传媒的影响。大众传媒将具体的商品与抽象的观念连接在一起,这使得消费首先深入了人们的思想意识。在社会价值观念、社会伦理道德、社会审美意识等各个方面都能体现出特有

的魅力。消费文化观念从而进入了消费主体的日常意识形态和伦理道德之中。在消费利益原则驱动下,在占主导地位的观念或认识世界方法的影响下,消费主体进行消费行为。消费文化观念的这种影响不是强制性的灌输和胁迫。它不是强加给他人接受,而是对消费者的一个长期的、潜移默化的影响。

（2）社会地位评价

从社会整体看,具有相同消费价值观和消费行为的个体最容易彼此认同。在社会日常生活中,人们从消费中不仅仅满足个体心理和生理需要,还得到物质满足和精神满足,这成为个体人生的幸福和自我实现的过程。消费也成为一种确定社会群体差异、社会关系建构的方式。社会成员通过物的消费来维持生产和社会关系,来与社会客体世界建立关系,从而形成一种认同感、确定感和归属感。通过消费来满足个人的社会性欲求,它可以表现个人的地位身份、获取个人社会性荣誉。

（3）社会行为指示

文化作为一种精神力量,它能够对人们的行为发挥着特殊的指示作用。通过规训教化的功能,它可以使之内化为个人的行为准则,进而将社会成员的行为纳入一定的轨道和模式中。在消费过程中,它存在着某种支配力量。这种支配力量必然要对消费者进行调教和规训,它可以使得这一体系能够有效地运作起来并长期维持下去。消费文化观念是一种新的社会规训力量,它与传统的学校、机关、社会团体的规训完全不同。这种规训不是强制的,它是通过市场法则控制着社会的整体语境。但有时,它比强制的规则更有力量。对个别的消费行为而言,消费文化这种规训作用使得个体消费者丧失行为的独立性。它不仅可以指示着消费者的选择行为,也使得消费者在市场中的货币选择权决定了生产者的行为,从而对整个社会消费起着指示作用。

**（二）消费者不确定性风险：主观意愿的外部影响**

**▶▶ 1. 目前我国处于不稳定的社会转型期**

在计划经济体制下,城市居民的住房、医疗、教育等由行政配给。就业、工资和养老保障稳定,我国实行公费医疗制度等社会保障制度。农民生产和生活也比较固定,其收入和消费比较稳定,农村合作医疗全覆盖。因此,全体居民的保障水平低但覆盖面广,它解决了居民后顾之忧。同时,由于人们可支配收入少且收入平均。许多消费品通过配给制分配,国家和集体包揽了各类服务,居民很少有消费选择自由,也没有太多的收入可供储蓄。消费者未来收入和支出比较稳定,他们基本上没有收入支出的不确定性风险。在低收入、低生活水平下,无风险预期的这种体制将导致消费率和消费倾向总体较高。但这种福利性保障体制上的弊病给国家和企事业单位带来了巨大的负担。

在计划经济体制向市场经济体制转变的过程中,经济体制改革带来的制度不确定性。国内外经济发展的市场不确定性将原有的收入分配制度被逐渐打破,其制度变迁增加了居民对未来收入和支出的不确定性风险。

随后,在实行的劳动合同制时,我国打破了计划经济时代的铁饭碗。居民的就业稳定性减弱,其就业压力增大。而且与发达国家相对稳定的社会制度和成熟的市场体制不同,我国经济社会仍处于转型时期。经济周期的变化波动和外部经济的影响,它加大了居民其他收入的不确定性,从而总体降低了居民的收入预期。在收入稳定性降低的同时,计划经济体制下的许多社会福利制度取消,教育、医疗、住房和养老等方面的社会保障制度推行了一系列改革。

健全的社会保障制度能够解除居民的后顾之忧,降低减少因宏观环境变动和体制结构变动给居民支出带来的不确定性。它不仅有利于稳定居民收入支出预期,还有利于扩大居民消费需求。到目前,我国覆盖城乡居民的社会保障体系还没有全面建成,这对收入支出预期的不稳定导致居民特别谨慎的消费心理,以至于目前居民的消费意愿不强、消费倾向逐渐降低。

▶▶ **2.社会保障制度的改革**

在实行全面的社会保障制度时,我国城乡居民普遍享受就业、公费医疗、退休养老等福利保障及农村居民也实行了合作医疗、"五保"供养等制度。城乡居民消费没有了后顾之忧,其消费支出对经济增长的贡献率一直保持在70%以上,它成为拉动经济发展最重要的动力。改革开放以后,我国的社会保障制度经历从单位保障制向社会保障制的整体转型。国务院发布《国营企业职工待业保险暂行规定》《劳动合同制工人退休养老保险办法》等劳动制度改革的四项规定,它们决定国营企业新招职工一律实行劳动合同制,部分地区开始对国有企业养老保险制度进行试点改革。社会保障制度发生了根本性改变,劳动者开始需要为自己的养老、医疗缴费。但社会保障体系的改革滞后于经济体制改革。特别是,我国开始的教育产业化、医疗市场化等,这些措施使得居民未来生活的不确定性风险增加。

城乡居民的储蓄倾向不断增强,其消费支出进一步下降。

良好的社会保障可以降低未来收入和支出的不确定性风险,提高居民消费倾向及增强居民即期消费的信心。当经济步入下行周期不景气时,国家通过转移支付提高社会保障方面的支出使失业或收入下降人群的消费能够保持在一个比较稳定的水平。

目前,我国仍处在医疗、教育、住房、就业、养老保险等各项关系居民切身利益的改革过渡期。在各项改革还没完全到位之前,居民的收入支出预期的不确定性风险始终存在而且有时还会增大。在稳定的环境中,未来收入和支出具有较高的确定性,居民消费意愿更强。不确定性风险的存在使得消费者的消费行为将更为谨慎,他们为应对未来可能发生的风险会减少当期消费支出,迫使人们消费更为谨慎。这导致居民总体消费更趋向保守,它在一定程度上强化了居民的预防性储蓄动机。

## 四、消费者实现环境因素

### (一)自然条件方面:自然资源禀赋

经济增长和发展问题一直引起经济学家的广泛关注和探索,即增长的源泉问题。在众多相继被揭示的原因中,自然资源或自然禀赋被置于突出的地位,从各国在其经济发展历史上的过程来看,自然资源占据着不可替代的地位。它对于国家的发展起着至关重要的作用,自然丰裕的国家或地区拥有的发展砝码显著多于自然资源贫瘠的国家。在经济学的体系中,资源禀赋是指一国拥有各种生产要素的丰歉。这些生产要素包括土地、自然资源、劳动力、技术水平和管理水平等。在一国要素禀赋中,某种要素供给所占比例大于别国同种要素的供给比例而价格相对低于其他国家同种要素的价格,则该国的这种要素相对丰裕;反之,我们则称为相对稀缺。资源的相对丰裕成为一个国家或地区在国际市场经济竞争中占据有利地位。它的影响经济的资源范围较广,这里我们着重分析自然资源对消费需求的影响。

自然资源是指一个地域经历上千万年的天然非人为因素改造成形的基本情况。它包括地理位置(纬度,海陆位置等)、气候(热量,降水,光照等)、土地资源(地形,地势,土地类型等)、能源和矿产资源、水资源和生物资源等。自然资源的丰歉、稀缺程度,它反映着一个国家经济发展的潜在可能性,也是消费需求的客观约束条件。自然资源约束是从生产的可能前提方面影响消费需求。由于长期实行主要依赖增加投资和物质投入的粗放型经济增长方式,能源和其他资源的消耗增长很快。只有加强自然资源保护和合理利用,国家才能保障的经济持续增长和消费需求的稳定扩大。

### (二)经济条件方面:基础设施和产业结构

#### ▶▶ 1.基础设施建设

基础设施是国民经济各项事业发展的基础。完善的基础设施对加速社会经济活动及促进其空间分布形态演变起着巨大的推动作用。基础设施建设具有"乘数效应",即能带来几倍于投资额的社会总需求和国民收入。基础设施的落后和供应不足,一直是制约我国经济发展和扩大内需的瓶颈。基础设施包括通讯、交通、水、电、煤气等公共设施和教科文卫等社会性基础设施。

(1)城市基础设施

城市社会基础设施是指服务于居民生活的行政管理、文化教育体育、医疗卫生、商业服务、金融保险、公用事业、公共交通和社会福利等设施。社会基础设施与多种私人物品之间存在高度的互补性,社会基础设施的供给不足不仅造成了供给效率低下,还会制约居民对某些私人物品的消费(如交通拥挤限制了汽车消费市场的启动),降低了居民当期消费的有效需求。我国教育医疗等领域进行了市场化改革,政府在社会公共服务方面的缺位。这些基本公共服务以市场化提供方式造成公共产品的供需失衡,使得居民家庭支出结构发生较大改变。国家用于教育和医疗卫生支出的负担较重,它直接挤压了居民其他消费的增长。同时,它还导致居民在医疗、教育等诸多方面的预期支出增加,消费者的消费意愿下降。它不仅强化了居民的储蓄动机,还降低了居民即期消费,从而阻碍了居民消费水平的进一步提升。

(2)农村基础设施

农村基础设施包括农业生产性基础设施、农村生活基础设施、生态环境建设、农村社会发展基础设施四个大类。在基础设施的供给机制上,我国城市和农村是不同的。城市是由国家提供,农村基础设施主要是农民自我供给。其中,有相当大比重由农民自筹资金或投工投劳解决。目前,我国农村基础设施不足的状况更为严重,水、电、路等投入不足,它们限制了农村居民消费需求的实现。

#### ➤➤ 2.完善的产业结构

完善的产业结构是经济可持续发展的重要前提。我们考察影响消费需求的因素不能仅关注需求本身,还需要从供给方面寻找供给面因素对居民消费的影响。当前,我国产业结构转型升级既有市场的内生动力,也存在政策的扭曲。在未来需求方力量相对不足的情况下,我们需要进一步挖掘供给方技术进步的推动力。需求的增长直接和首先以各国现有的产品相互进行交换为保证。

### (三)社会条件:消费政策与法治环境

#### ➤➤ 1.我国消费政策的改变

在保障消费需求实现方面,消费政策具有多重作用。在我国经济发展的不同阶段,国家采取了激励或者抑制的消费政策。消费政策是由国家或地方颁布的与人们生活消费有关的一切政策、法令、规章、制度的统称,它是根据社会经济状况为实现某一消费目标而制定的一系列经济活动的实施纲要。因不同区域间消费环境、消费者行为、消费水平和消费结构等因素的差异,不加区别的消费政策可能难以取得预期效果。统一的消费政策也可能在不同区域间呈现差别的政策效果,而且不同区域间所显现的消费问题也有共性与个性。

#### ➤➤ 2.消费的法治环境

消费需求的形成和实现不仅仅是一个经济过程,也是一个社会过程,它需要社会法治状况的健全。良好的消费法治环境可以规范消费行为、保障消费者权益、保障消费需求实现。而消费法治环境不佳,社会信用体系不健全、市场交易中失信行为、假冒伪劣商品、商业欺诈等现象的存在,这就会严重影响消费需求的实现。

消费者权益保障是消费法治环境中最重要的关键性问题,它贯穿于消费过程中的始终。保护消费者权益有利于维护公平交易和消费需求的实现。在全国人大常委会上,我国全票通过《消费者权益保护法》,我国确立了消费者的法律地位,其消费者权利开始得到广泛重视。之后,《产品质量法》《食品卫生法》《合同法》等一系列与生产者和消费者权利保护相关的法律使消费者权益在法律上有了一定的保障。目前,我国的消费法治状况不完善,消费市场的关系主体之间权利义务需要进一步明确,消费者权益保障也还存在不足方面。它主要表现在以下四个方面:一是消费市场的公平交易权和消费者的自主选择权有待确立。垄断行业的竞争不充分,消费的并没有自主选择的权利;二是经营者的诚信体系还不完善,社会信用体系不健全,他们利用广告与虚假信息误导消费者的非法经营行为还存在。市场交易中失信行为及商业欺诈等现象的存在,这就会严重影响消费需求的实现;三是产品质量问题还比较严重,特别是关系居民生命和健康的食品安全问题,它需要强有力的法治环境进行进一步规范。有关房屋质量和物业管理的消费纠纷数量还较多,业主还享受不到物权的法定权益和得到相关保障;四是产品的售后服务,银行、保险、电信、医疗、教育及水、电、气等与居民切身利益相关的垄断行业和公共服务水平还有待提高。

目前,消费者基本权利保护还明显落后于国际消费者权益保护立法的相关规定。我国对违法经营行为的惩罚力度还不够,其保障消费公平的政策法律还比较缺乏。我国《消费者权益保护法》正在修订,并征求意见稿的内容表明将在以下三个方面强化消费需求的法治保障:一是明确消费者受到人身伤害的具体赔偿范围和界定精神损害赔偿的情形及个人信息保护等问题,我国正在全方位保障消费者权益;二是强化了经营者的义务与责任建立企业的信用档案;三是进一步发挥消费者协会等社会中介组织的作用。

# 第三节　城乡居民家庭消费现状和消费结构分析

## 一、消费需求与消费结构的国际比较

### (一)我国城乡居民家庭消费结构与国际比较

各国由于收入水平、文化传统和人口条件等不同,其家庭消费结构呈现不同的特点。但是,由于人的消费需要存在一致性,作为满足需要的各种消费资料或劳务也必然存在着共性。借鉴和参考世界其他各国的经验,我们能更好促进我国居民消费需求的增长与消费结构的升级。通过国际对比,分析我国居民消费结构与世界主要发达国家的差距及其制约因素,在此基础上,我们提出了进一步扩大居民消费、改善居民消费结构的措施和路径。

### ≫ 1.对居民消费结构进行国际比较

我们以世界主要国家和地区人均 GDP 1000 美元水平的居民消费支出构成进行比较分析。根据联合国《国民核算年鉴》资料看,主要国家和地区在人间 GDP 1000 美元水平的居民消费结构呈以下三个特点:一是食品、烟酒和饮料的消费支出占总消费支出的比重最高(40.84%);二是居民衣着(11.57%)、鞋类(11.36%)的消费支出占总消费支出的比重大体相当;三是其他类别的消费支出比重均在 10% 以下,家庭设备用品及服务、交通通讯、文教娱乐用品和医疗保健依次为 9.2%,8.51%,6.96% 和 4.51%。我们通过与世界主要国家和地区的对比发现,在相同收入水平下,我国城乡居民合计的恩格尔系数超过 40%,其高于国际水平;我国城乡居民用于教育、医疗方面的支出比重明显高于国际水平;衣着和家庭设备用品及服务占总消费支出的比重远没有达到世界水平。

总体上看,收入水平不同的国家,其家庭消费呈现出不同的消费结构。发达国家居民普遍在食品、衣着、医疗保健(除美国)、教育方面支出比重较小,而在住房、交通通讯及休闲娱乐方面支出比重较大。这表明发达国家居民的消费支出已不仅局限在基本温饱与生存问题上,而是有足够的支出用于享受型消费;而发展中国家则在食品、教育、医疗保健等方面支出比重较大,其消费结构与发达国家存在一定差距。

### ≫ 2.对政府消费结构进行国际比较

在消费总量中,政府消费对居民消费的影响很大。在政府消费总量和结构比较合理的情况下,政府在节约自身行政开支的同时,他会提供更多的公共产品和公共服务。由此,他会给居民带来更多的社会福利和相对收入的提高,从而间接地推动居民提高消费信心、消费能力和消费水平。与绝大部分发展中国家和发达国家相比,当前我国政府总支出较低。但政府行政费用支出较高,政府消费结构不合理较为突出。因此,我国扩大政府公共消费支出、调整政府支出结构是进一步扩大内需必须考虑的一个重要问题。

## (二)消费模式的国际比较及对我国扩大内需的启示

**》》 1.美国的市场型的高消费模式**

美国消费模式的形成,它反映出美国作为一个市场经济高度发达国家的主要经济特征,同时也反映了美国文化对消费的影响与渗透作用。美国的消费模式有以下两大基本内容,即负债消费和超前消费。美国的消费模式具体表现在它是建立在完全市场化基础上的高资源消耗和高消费模式;消费信贷突出的超前性消费;福利性消费上升的高赤字消费。

美国人少地广、自然资源丰富,工业生产和家庭生活消费是建立在相对廉价、充足的能源供应基础上,他们追求高度舒适和奢侈型的消费模式。美国生产力较为发达和人均收入总体水平较高为家庭提供了较好的物质基础,它不仅形成了建立在完全市场化基础上的高水平消费,还充分体现在人均消费品数量和消费结构等方面。美国消费信贷的高度发达,它不仅刺激了家庭的负债消费和超前消费,还极大地释放了家庭的潜在消费需求。同时,美国政府还通过一系列政策和法律手段不断强化对居民消费进行调节和干预。例如,美国实行较完善的社会福利制度,美国的社会福利支出在国民生产总值和财政支出中的比重不断上升;注重以法律维护消费者权益;开征个人所得税和减免个人所得税以调节个人收入分配的差异来扩大消费等。多年来,美国国民收入最终分配中的贫富差距在不断扩大。它显著的导致了家庭实际消费的两极分化,多数家庭的高消费与少数家庭依靠社会福利和救济的低消费状况并存。

美国家庭高消费、低储蓄的消费模式对美国宏观经济的影响是显著的,其强大的消费成为拉动美国经济增长的重要力量,消费对美国经济增长的贡献率巨大。因此,一旦经济萧条,美国政府总是采用各种经济措施刺激消费。但是,高消费、低储蓄显而易见的后果是美国家庭相对缺乏抵抗经济风险的能力。当一个家庭收支状况恶化时,储蓄是一种风险缓冲机制。家庭储蓄越多,其抵抗风险的能力就越强。当然,家庭没有储蓄,也就缺乏风险防范能力。在次贷危机后,美国部分家庭承受债务、收入等风险的状况充分暴露了高消费、低储蓄生活方式的缺陷。

**》》 2.欧洲社会福利型的消费模式**

欧洲各国家庭的消费模式一般以高福利高消费著称,这里以瑞典家庭的消费模式为分析对象。瑞典家庭的消费模式主要表现在以下两个方面:一方面是高社会保障和福利政策,国家为居民提供极为健全的各种社会福利(包括医疗保险、基本和补充退休金、失业救济、子女津贴和教育补贴),社会保障和社会福利支出规模占国民收入的1/3以上;另一方面是高消费、低储蓄模式明显。家庭消费中不动产多,高档耐用消费品多,家庭储蓄率占家庭收入的比重不到10%。瑞典与其他发达国家相比较低。显然,这种高消费、低储蓄模式是建立在高福利基础之上,它不同于美国家庭的高消费模式。

瑞典消费模式的逆效应是导致了著名的"瑞典病",它具体体现在以下三方面:一是巨额公共开支使财政赤字不断增大;二是经济增长减缓,生产效率低下,它出现了被称为"福利国家"中的"抑制积极性"现象;三是通货膨胀加剧,失业增多。为弥补财政赤字,政府不得不扩大货币发行。通货膨胀带来企业产品成本的全面上升,瑞典产品竞争力衰退,其失业问题日渐严重。为医治"瑞典病",瑞典被迫进行了社会福利制度改革,社会福利型消费模式逐渐完善。

### ❱❱❱ 3.日本资源忧患意识为主的消费模式

长期影响日本消费需求变动的因素主要有四个方面:一是国民经济的不断增长和国民收入的不断提高是近代日本消费需求逐渐上升的物质基础和前提条件;二是国民收入分配格局朝着有利于劳动的方向转变,这是促进近代日本消费需求不断上升的积极力量;三是人口规模及其构成的变动是近代日本消费需求不断上升的重要推动力量;四是消费的示范效应、攀比行为和不可逆行为对消费需求不断上升起着一定推动作用。

由于日本国土空间狭小和资源匮乏,在资源忧患意识下,他逐步形成了以低工资—高储蓄—高积累—高投资为特征的消费模式。全社会形成追求生活舒适性又相对简约的消费模式,它注重节约、反对浪费。具体表现为以下三个方面:一是日本家庭是低福利保障的,一般利用其传统的家族观念去赡养的办法予以解决,这符合民族文化的需求;二是节约型消费意识强,绝大多数家庭生活消费追求节约;三是日本政府一直致力于节能设备推广、节能补贴、推行设备能效标准和标识及生活设施消费共享等节能激励政策来培养民族忧患意识,从而建立基础牢固的节约型社会。

### ❱❱❱ 4.国外消费模式对我国扩大内需的启示

美国、瑞典、日本的消费模式对培育我国合理化的消费模式和扩大内需有很大的借鉴意义,它具体体现在以下三个方面:一是大国经济应当以扩大内需为主。美国的完全市场化的高收入—高消费—高赤字—高能源消耗的消费模式对中国甚至其他发展中国家是不适用的,但其注重消费作为推动经济增长的主要力量和刺激消费的具体经验值得借鉴。例如,劳动者和消费者权益保护机制较完善,高度发达的信用制度和信贷消费模式等。二是国家建立和完善社会保障制度是扩大内需必不可少的重要环节。瑞典的高福利型消费模式对我国最重要的启示在于,为了推动我国以消费需求为主拉动经济增长,我国健全和完善社会保障制度是必不可少的重要环节。三是培育节约型消费和可持续消费意识。日本的消费模式能紧密的结合国情并利用了传统文化中的有益部分,它为我国政府引导家庭培育绿色消费、节约型消费和可持续消费意识,调整我国目前的低工资、高储蓄和低消费率状况提供借鉴。

## 二、消费政策效率和消费的影响因素分析

### (一)扩大内需的两个阶段与政策效率分析

纵观改革开放以来消费率的走势及相关宏观经济变量,消费需求不足成为中国经济运行相伴随的一种常态,但阶段性特征也较明显。其中,它主要凸显为两个代表性的阶段。在此期间,中央都分别出台了系列拉动内需的政策和措施。那么,这些政策措施是否取得了很大成效及后续的拉动措施应该如何推进。这些都是当前我国学者和政府层面非常关注的重要问题。

▶▶ 1.治理消费需求不足——第一个代表性阶段

在很长一段时期,在居民消费和消费基金的把握上,国家有过不同的选择。经济界、理论界关于消费在再生产中的作用问题也有过激烈的争论。但随着改革开放的深入,卖方市场彻底地向买方市场转变。中国社会经济状况发生深刻的变化,消费的重要性开始进入政府决策层的视野。这一阶段积极的财政政策和稳健的货币政策,使中国已经基本摆脱了亚洲金融危机的影响,它们有力地保证了后续经济持续稳定快速发展。同时,我国积极的财政政策在扩大消费方面也发挥了一定作用。但很显然,我国扩大内需的各项政策仍是以扩大投资需求为重,其消费需求处于"陪衬"地位,一直未能充分发挥消费需求的导向作用和拉动作用。

**>> 2. 治理消费需求不足——第二个代表性阶段**

美国次贷危机引起的世界金融危机,致使我国出口受阻,其实体经济受到影响通货紧缩可能性加大。面对外需和内需出现不足、宏观经济增速放缓的局面,我国政府紧急行动,从容应对。我国再一次突出强调"扩大内需",特别是根据消费需求出台了一些强有力"扩大内需"的措施。至今,它成了改革开放后突出强调"扩大内需"的第二个阶段。我国具体的相关政策及效果表现为以下三个方面:一是扩大内需成为宏观经济调控的主要思路之一。我国强调:"促进经济增长由主要依靠投资、出口拉动向依靠消费、投资、出口协调拉动转变",将"居民消费率稳步提高"作为全面建设小康社会的努力方向。二是积极的财政政策和适度宽松的货币政策。我国面对调整经济结构,扩大消费需求的重大任务。与此同时,政府为落实"适度宽松货币政策"的具体措施,央行采取了降息、降低存款准备金率和贴现率等货币政策工具指标。银行信贷为配合政府投资,新增贷款投放力度空前增大。三是调整消费、投资和出口需求结构。通过扩大出口来拉动经济增长在第一阶段中扮演了重要角色,而第二阶段政府开始注重全方位地启动内需。国家注重调整总需求结构,促进消费增长,从而提升消费比重。

通过对消费需求不足的两个阶段所采取的政策和措施进行分析,其相似点在于以下两个方面:一方面是都是首重投资需求,以纯支出型政策为主,兼顾消费需求;另一方面是致力于从优化家庭微观经济结构着手,调整宏观经济结构的实质性措施不明显。它的不同点在于以下两个方面:一方面是第一个阶段是以基础设施建设为重点的扩大内需,以投资需求带动消费需求,其转变经济发展方式成效不明显;另一方面是第二个阶段是以改善民生为重点的扩大内需,注重关系民生和增加公共产品的投资,完善社会保障体系,它以促进就业和增加农村地区及城乡弱势群体的收入为基础增强居民消费能力。这种多方位启动内需的做法,其成效可能会好于第一阶段。

**(二)影响消费进一步扩大的主要因素探究**

**>> 1. 消费能力的根本因素——收入增长**

(1)收入水平对消费的重要作用

国家提高消费能力应当是扩大内需的一个主要任务,而居民消费的增长取决于收入的长期稳定增长。弗里德曼的持久收入理论认为居民消费取决于居民的持久收入。也就是说,理性的消费者为了实现效应最大化,这是根据长期能保持的收入水平来做出消费决策的。

(2)收入结构的多元化对消费的影响

随着经济发展的多元化,收入多样化趋势也日渐明显。城乡居民迫切需要拓宽收入来源,它可以进一步改善生活。居民想要提高收入水平就应该关注收入结构,细化收入构成,并从多种渠道增加不同性质的收入。财产性收入的形成来自于财产,而财产的形成和积累一般来自于劳动收入的节余。居民要提高财产性收入水平就必须提高工资等劳动收入的水平,尤其提高中低收入者的工资是让更多群众拥有财产性收入的前提。国家正在积极优化收入结构,并以工资收入的平稳增长为基础增加财产性收入占总收入的比重。

(3)收入分配差距不合理导致消费倾向下降

自改革开放以来,我国城乡居民的人均收入得到了大幅提高。但城乡居民内部收入差距并没有得到显著的改善;相反,不同收入组之间的差距不断扩大。不同收入阶层在收入分配中的相对地位决定了其在总消费中的贡献率,如何提高消费倾向较高的中低收入家庭对总消费的贡献率,缩小收入分配差距是解决消费需求不足的重要途径之一。高收入居民收入增长快于低收入居民,而高收入阶层的收入主要用于投资、储蓄率高、消费率低。其中,它还包括一定程度的国外消费:低收入居民的收入主要用于国内消费,但他们缺乏消费能力,因此,收入差距日趋扩大,这自然导致消费增长过慢。收入差距扩大还造成消费需求"断层"。我国很长一段时期的消费热点是轻工、纺织、家电等产品,这些加工工业推动了经济增长。虽然当前我国鼓励住宅、汽车、旅游等消费,但高收入阶层对这些消费品的需求已趋向于饱和,而中低收入层是由于收入限制而不能扩大这些产品的消费。在一定程度上,这造成了消费需求"断层"。

▶▶ **2.扩大消费需求的重要保证——完善社会保障体系**

一般来说,居民的即期消费不但受收入水平和社会保障完善程度决定,还与居民对未来的预期有着十分重要的关系。在努力扩大居民消费需求的过程中,政府的一个重要的手段就是强化城乡居民对未来经济发展的信心。尤其是在当前世界金融危机和我国经济增长放缓的情况下。为了让老百姓能坚信中国经济发展的可持续性和应对世界经济衰退的灵活性,目前,中央已经采取或将采取适度放松银根、财政减税、稳定资本市场、稳定房地产市场、调高出口退税等政策措施。这些措施在力保我国经济平稳运行的同时,也在一定程度上起到提升居民消费信心和扩大消费需求的作用。

### ▶▶ 3.未来消费增长的重要因素——消费意愿

边际消费倾向指的是增加的消费支出在增加的收入中所占比例。它从一个侧面反映了居民的消费预期和消费意愿。我国经济发展不平衡带来了城乡、地区的巨大差异。例如,基础公共设施、消费内容、消费规模和环境等都有很大不同,这就造成了居民消费意愿在不同地区之间的阶梯性分布。东部地区城乡居民消费意愿明显高于其他地区,而东北、中部地区相对较低。由此可见,消费意愿的高低不仅由收入决定,还根据居民消费意愿的高低受消费地的区域经济发展水平和消费环境的制约。这是未来消费增长的重要原因。因此,我国正在进一步扩大城乡居民的消费需求。需要从改善区域消费环境和消费模式入手,尤其是人口稠密、消费低迷的中部和东北地区。我国正在针对不同地区和不同收入群体消费意愿的强弱制定不同的消费刺激政策。

### ▶▶ 4.消费可持续增长的必备条件——消费结构的内部优化

近年来,城乡居民消费性支出中食品、衣着等基本生活商品支出呈现刚性增长态势。它占消费性支出的比重基本保持稳定。服务性消费支出是反映居民消费预期的重要指标。当人们预期经济形势发展良好时,它会增加服务性消费支出;反之,则压缩服务性消费支出。因此,特别是在我国消费需求增长乏力的现阶段,消费内部结构的不断升级优化是消费可持续增长的必备条件。

### ▶▶ 5.扩大消费需求的外在约束——金融约束

随着经济的发展,家庭资产和金融市场对消费的影响越来越大。在转轨经济中,由于金融市场面临从无到有的建立过程、从混乱到完善的规范过程。因此,转轨经济中的消费者在跨期消费选择时不仅要考虑到收入约束问题,还要考虑消费计划实施过程中金融市场的约束问题。

跨期消费选择最优化模型认为居民跨期消费面临的除收入约束之外的更大限制,它是来自金融市场的限制,我们称为消费的外在约束。金融市场的收益率、金融市场的结构特征及有效性、利率的市场化情况等,它们将直接影响居民进行跨期消费选择的终生收入。而且,在跨期消费计划实施过程中,居民跨期消费也需要金融市场的支持,如借贷和配置家庭金融资产。因此,我们把来自金融市场的约束称为家庭消费的外在约束。在收入约束(内在约束)和金融市场限制(外在约束)下,消费者可以进行效用最大化决策。他们的消费行为跟仅有内在约束下的选择行为存在很大差别。例如,在我国计划经济体制时期,流动性约束曾一度是家庭扩大消费的外在约束。近年来,随着改革的深入,流动性约束正在缓和。人们消费信贷发展较快,它成了刺激消费需求的重要手段。随着我国经济市场化程度的提高,消费信贷正发挥越来越重要的作用。

综上所述,正是因为我国城乡家庭长期以来,居民收入水平增速偏低、各项财产性收入低、收入差距不断扩大;社会保障体系不健全,收入、支出和资产波动的不确定性增强;家庭消费意愿降低且差距拉大;家庭消费结构升级缓慢;金融市场的外部约束较强等原因。在相当程度上,它们形成了影响我国消费进一步扩大的主要障碍。

# 第四节 城乡居民消费理性实证分析

## 一、居民消费理性研究

### (一)西方理性选择理论的一般假设演变分析

消费者能够实现效用最大化是理性消费的最终目标。传统经济学认为消费理性即消费者均衡问题是消费者如何在预算约束下选择各种商品的消费数量以使自身实现效用最大化。理论上,家庭消费之所以可以实现理性,它源于经济学中最为基本的"经济人"与完全信息假设。然而,现实中的消费者并非理论中的"经济人",在效用最大化消费目标的前提下,西方经济理论正是令其一般假设不断向现实靠拢,从而得到丰富与发展。因此,西方理性选择理论的演变也可以从其假设条件上窥见一斑。

经济人假设以完全信息与完全理性为分析前提,它强调个体消费选择是为了实现效用最大化。成本价格理论正是在古典经济学"经济人"假设前提下建立起来的理论。在这一假设基础上,新古典经济学开始关注不确定性下的个体选择行为。它要求消费者的偏好满足内在一致性,同时注重探寻个体如何选择方能实现最大利益的途径。由此。经济人假设转变为"理性经济人"假设。它的核心是消费者自利原则下的内在偏好一致性与效用最大化的统一。

由于现实中的信息不对称,Simon 提出有限理性学说。有限理性消费者的决策目标并非是寻求"最优"选择,而是实现"满意"标准即可。Simon 的有限理性与满意准则使得理性选择假设更加贴近现实。而 Kahneman and Tversky 从行为经济学,Smith 从实验经济学研究中认为个体选择其偏好不是单一的而是多元的,其认知本身也存在不确定性。在选择的过程中,消费者个体的效用预期会随偏好的变化而发生调整,并非始终不变。综上所述,西方理性选择理论其演变路径是"经济人—理性经济人—有限理性经济人—有限理性行为人"。

### (二)非理性消费因素分析

现实经济情况更为复杂,个体消费理性难以实现,其理性主义必然存在局限性。对于理性问题的研究,一些学者从其反面非理性入手,它们分析消费行为的非理性因素,尽管非理性研究仍属于"小众"。上述理性选择理论假设的演变也同样给出了非理性产生的原因,无疑信息不完全首当其冲。古典经济学中的"经济人"假设认为消费者是理性的,消费者之所以理性也恰是由于给予了完全信息的预设条件;而现实中的完全信息是不存在的。由此,人们建立在其基础上的"经济人"假设也必然具有局限性。信息不完全主要体现在以下两个方面:一方面是由于人的认知能力有限,即人们不可能知道任何时间、任何地点发生的任何事情,同时也说明即便不同消费者收到同样的信息。他们处理的结果也会存在明显差异。由此,消费者从信息不完全引申出消费非理性的另一因素,即消费者认知能力的有限性。Kahneman and Tversky 提出的预期理论正是基于消费者认知修正了传统风险决策学说。该理论认为,对相同大小的所得和所失而言,消费者更看重所得。它们认为非理性的主要原因为人类认知的有限性;另一方面是市场经济本身也不可能生产出足够的信息并且对它们进行最有效率的配置。上述研究显示,不确定性是引发消费非理性的重要因素。不确定性数量的多少将决定消费者未来预期理性或非理性可能性的大小,加之不确定性与金融风险相辅相成。它将进一步影响消费者的理性预期。"羊群效应"亦称"从众效应",是非理性的又一解释因素。它是指微观主体的决策缺乏自己的个性和主见,要受到大多数人的影响就会出现跟从大众的思想或行为,从而直接影响消费者偏好。最终,它会影响个体决策结果。因此,它会与微观经济学中主体"理性"的假设相偏离。Simon认为正是因为不确定性与风险的存在,加之人们认知的有限性使得人们不可能知晓所有相关信息,人们最终得到的不过是相比较而言满意的答案而并非最优选择。人们认知的有限性使得他们无法将不确定性产生的风险降为零。一般而言,消费者认知能力越差,它们抵御不确定性或风险的能力就越差。也因此,它会进一步强化消费者认知能力的有限性,降低消费者信心。除上述观点外,货币幻觉、过度反应、家庭经济能力、短视消费也是非理性因素。货币幻觉指的是人们只注重货币的名义价值,而忽视货币实际购买力的心理错觉。它最早由费雪于提出,它是货币政策的通货膨胀效应,也是影响家庭消费决策的众多潜在不同之一。过度反应指的是消费者对现有信息的认识超过正常状态的反应,这种超强反应主要基于消费者的情绪与认知等心理因素。对于过度反应的研究主要集中于资本市场,尤其是股票市场。由于股票市场存在许多不确定性引发了投资者心理上的非理性倾向,众多投资者非理性投资的共同作用致使股票出现暴涨与崩盘的现象。

### (三)理性预期分析

理性预期的代表人物为Robert E. Lucas,他也因此获得诺贝尔经济学奖。在《理性预期与价格变动理论》中,John F. Muth首次提出理性预期的概念。随后,Robert E. Lucas及Thomas J. Sargent与Robert J. Barro对理性预期理论的发展做出了巨大贡献,他们形成了理性预期学派。理性预期是指人们对未来事件进行有根据的预测,也包括心理直觉与经验。理性预期理论假定价格与工资是完全灵活的,且消费者是充分利用可获得的信息来制定消费决策的。在消费者的预期是理性时,理性预期学派认为政府的宏观经济政策效果很难显现。因此,相对于凯恩斯所提出的短期相机抉择的功能财政,政府正在力求中长期经济政策的一致性与连贯性,减少不确定性的干扰及合理引导人们的理性预期。

理性预期理论的主要贡献之一是将理性预期引入经济模型检验其存在性。对于此类问题,大多数文献集中于研究消费者的持久收入预期及通胀预期是否理性及消费者行为是否存在过度反应上。对持久预期的理性研究,我们主要基于Friedman持久预期假说与Robert Hall的随机游走持久收入假说。持久收入指消费者能够预期到的长期收入,我们可以依据可观测的若干年的收入数据获得,而随机游走假说认为若消费者存在理性预期。消费与收入的过去水平都不会对当期的消费决策产生任何影响。尽管如此,二者都描述了理性预期下的消费特征。因此,在实证研究中,他们也都被不同程度用于消费理性预期的检验。

就预期在通胀中的影响,Phelps 和 Friedman 把通胀预期引入菲利普斯曲线。他们给出通胀预期形成机制为适应性预期的假定。然而 Lucas 的研究表明,理性预期而非适应性预期才是通胀预期的形成机制。经济政策会影响预期机制的形成,并从中反映出来。当经济政策发生变化时,通胀预期的形成机制也会随之发生变化;而适应性预期却暗示着通胀预期机制的形成是一个固定不变的过程。对于通胀预期理论的研究,国外学者 Forsells and Kenny 对通货膨胀预期是否是理性进行了检验;Kozo Ueda 研究了家庭通货膨胀预期的决定因素;Leduc 等研究了通货膨胀预期如何自我实现。F. Dias 等运用欧洲地区的消费调查数据对消费者的通货膨胀预期是否具有理性进行了研究,他认为消费者的理性预期假设并不能得到验证,我们没有证据显示消费者行为的无偏性存在。有的国家,比如葡萄牙和西班牙的通货膨胀具有较强的社会效率,但有些国家相对弱一些。

关于消费者是否理性的问题,Jean Paul 使用美国经济数据对消费者是否过度反应进行了理性预期检验。他把美国消费增长变化周期归因于消费者在任何时间对于生产趋势的难以正确把握因而造成经济繁荣和萧条的更替。同时,他得出美国消费者对于长期生产水平反应过度的结论。

## 二、城乡居民理性预期和消费理性分析

计量经济学为经济问题研究提供了理论实验室,它可以用来结构分析、政策评价与经济预测。然而困难的是现实的复杂性会不同程度导致理论与实际发生偏离,从而人们在纷繁复杂的经济环境中更多的依赖对未来的预期。预期对个体的消费选择显得尤为重要,是否具有理性预期也是个体消费行为理性与否的关键。若个体具有较为理性的预期,就可以说明个体具备较为充分的知识、技能,即具备较为准确地计算未来的能力。理性的预期首先是较为稳定的预期,个体能够根据当前各种经济信息预测未来一段时间的经济走势。它包括人们比较关注的收入、物价、利率等因素,从而安排自身的消费选择。理性预期可以降低个体的消费习惯形成效应。预期不理性,消费者看不清未来就无法预知与避免未来可能发生的经济风险。消费者小心慎行、畏首畏尾,他们自然很难大踏步前行,从而形成较强的消费习惯。

习惯形成是居民处理不确定性的外部表现,城乡居民对不确定性认知能力的不同将导致他们在经济生活中应对、处理不确定性上存在差异。他们对不确定性

的应变能力越弱,则更容易形成越强的消费习惯。较强的习惯形成会减少居民有效消费,带来效用损失,从而使消费偏离理性状态。谨慎消费是规避不确定性风险的一种方式,然而这种风险的规避更多的是心理上的感觉。消费者只有就消费做出有利于当前与未来的调整才能真正改善消费者境况,降低不确定性风险。由于不确定性是预期偏离理性的一个主要原因,他们处理不确定性的能力越弱,消费者就越难做到理性预期,当然也越不容易实现理性消费。因此,消费者具备理性预期才有可能将各种不确定性影响降至最低。经济中确定性因素增多,消费者可以更为科学合理的安排自身的消费选择以实现最大满足,进而消费趋于理性。

## (一)持久收入理性预期与消费理性分析

莫迪利亚尼的生命周期假说与弗里德曼的持久收入假说认为个体会将自己一生的财富与资源在他生命中的每期进行均等分配,这说明,在给定的一个时期里,个人的消费不是取决于当期收入,而是由一生的初始财富与劳动收入所决定。然而,Flavin研究发现当期收入对消费的影响远高于持久收入预期,这一现象被称为"过度敏感"问题;而Cambell and Deaton研究得出消费增长率受收入增长率影响系数约为0.5,消费者既不是具有远见的,就像持久预期假说规定的那样,也不是如绝对收入理论认为完全是短见的,这一问题被称为消费的"过度平滑"问题。Friedman的理性持久预期假说认为消费依赖于永久收入而并非现期收入。永久收入指消费者可以预计到的长期收入,它大致可以根据所观察到的若干年收入数值的加权平均值计得。

整体上,近20年间,中国城乡居民消费具有持久收入理性预期,而农村居民消费不具持久收入理性预期。

### ▶▶ 1.消费的"过度敏感"和"过度平滑"问题

消费的"过度敏感"指消费受当期收入的影响要远高于持久收入的预期。基于中国城乡居民省际消费数据的实证分析显示,城乡居民具有持久收入理性预期。城乡居民对当期收入影响不敏感,其持久收入预期假说能够较好地解释城乡居民消费行为,故消费不存在"过度敏感"问题。而基于农村居民省际消费时间序列数据的实证分析虽然显示敏感性检验通过,但正交性检验未通过。因此,农村居民不具持久收入理性预期,且滞后收入对消费变化有显著效应。因此,农村居民消费存在"过度敏感"现象。

总体看来,消费的"过度平滑"为消费的波动幅度小于收入的波动幅度,即对未预期收入的过度不敏感。消费对预期收入的过度敏感和对未预期收入的过度不敏感(即过渡平滑)是同时存在的。迪顿认为,过度敏感是消费对暂时性收入的变化反应过度。过度平滑是消费对持久性收入变化反应不足,消费的过度敏感与过度平滑是同一现象的两个侧面。依据迪顿的解释,城乡居民消费不存在"过度敏感"和"过度平滑";农村居民消费既具有"过度敏感性"又具有"过度平滑性"。

**▶▶ 2. 习惯形成与消费的"过度敏感"与"过度平滑"**

习惯形成理论其中一个应用就是解释消费的"过度敏感性"与"过度平滑性"。比如 Deaton、Carroll 等认为,若居民消费具有习惯性,则持久收入改变家庭消费决策调整是缓慢的。由于消费习惯与滞后期消费有关,这也就不难解释当期消费变动与滞后收入相关的现象。上述基于总量消费的实证研究得出城乡居民消费不具习惯形成效应,而农村居民具有习惯形成效应,且城乡居民消费分别为不存在"过度敏感"与存在"过度敏感"现象。所以,它符合习惯形成理论的解释。

就消费"过度平滑"现象的解释,习惯形成理论认为,"过度平滑"受消费惯性的影响。消费者即使收入受到冲击时,其消费也不会出现剧烈变化。故而消费的波动幅度要小于收入的波动幅度。虽然农村居民消费倾向整体高于城乡居民,并且消费变动受未预期收入影响显著。但我们依据迪顿,农村居民对持久收入存在反应不足,故农村居民消费同样存在"过渡平滑"现象。城乡未预期收入冲击对居民消费均具显著效应,这也说明习惯形成带来的一成不变的消费令人感到厌烦。中国城乡居民都期待对自己的消费决策作出适当改变。

综上,城乡居民消费具有理性,而同时也具有持久收入理性预期;农村居民消费不具理性,也同样不具备持久收入理性预期。该实证分析为将居民是否具有持久收入理性预期作为消费是否理性的一种解释提供了经验支持。其中,具有持久收入理性预期的居民。他们对于不确定性的认知能力较强,其消费受到收入冲击的影响会较弱,从而经济中确定性因素增多,其消费决策的制定更加合理。消费者的习惯形成不强,其消费趋于理性。依据城乡居民就不可预期收入的影响参数的数值大小就可以看出,农村居民消费变动受未预期收入变动的影响要远大于城乡居民。这不仅说明农村居民更容易受到收入不确定性的影响,还意味着农村居民不确定性认知能力不强、消费更为谨慎。人们的习惯形成较强,消费也难实现理性。

### (二)通货膨胀理性预期与消费理性分析

依据一般经济理论,我们可以分析出影响消费的主要因素除收入外还有价格水平。因此,他们做出这样的假设,即具有消费理性的消费者可以对物价变动进行较为合理的预期。

就通胀预期估算较常使用的方法主要有四种:一是根据中央银行或其他金融机构的调查数据进行估计,它主要针对居民对未来物价的变化;二是利用金融市场不同期限债券的收益率进行估算;三是依据宏观经济理论、模型与数理经济方法。我们可以选择一些影响通胀预期的主要变量进行回归估计;四是基于自回归移动平均 ARMA(p,q)的模型对通胀预期进行估算。我们可将上述第三、四种方法结合起来,依据经济理论选取适合的解释变量,并考虑滞后期通货膨胀的影响。宏观经济理论表明,经济增长能够带来通货膨胀,故我们可以选用收入作为物价变动的因素,同时依据价格时间序列特征利用自回归模型将滞后期价格指数同时引入模型,并取以上变量序列的自然对数值,从而建立以下价格预期的面板计量经济模型。

中国市场化程度逐步加深无疑令城乡居民面临更多的不确定性,但城乡居民由于具有应对不确定性的能力较强,即使宏观经济环境复杂。各种经济信号交互影响,城乡居民仍然能够较好地加以整合和处理。由此,在经济中,确定性因素增多。城乡居民更容易形成持久收入与通货膨胀的理性预期,从而消费具有理性。而农村居民也正是由于辨识、处理不确定性能力较弱,其习惯形成较强,进而消费很难趋于理性。

# 第二章 居民消费倾向分析

## 第一节 居民消费倾向的理论分析

消费是人类经济活动的根本动力,因而也是经济理论的核心。从古典经济理论、新古典经济理论到现代经济理论对消费均有所论及。古典和新古典理论侧重强调消费对生产的引导和促进作用,它们忽略了消费倾向可能对经济发展的制约。它们强调经济自发调节的力量,二者都认为在任何消费倾向水平下均可实现经济均衡。不仅如此,市场自发调节的力量可以实现资源的最优配置。在任何消费倾向水平下,人们均可实现充分就业。凯恩斯作为现代经济学之父,他把消费倾向作为经济系统的基础自变量进行了详细阐述;把消费倾向和投资看做国民收入和就业水平的决定性因素。因此,消费倾向得到前所未有的重视。自此,消费倾向成为现代经济学的重要研究内容。我国居民的边际消费倾向总体上符合凯恩斯的绝对收入假说,它呈现出边际消费倾向递减的规律。经济理论体系的发展通常具有一定的历史连贯性。其中,我们系统梳理马克思消费思想、古典消费理论、新古典消费理论和现代消费理论是分析居民消费倾向问题的理论基石。

### 一、关于马克思消费理论的分析

马克思消费理论强调生活消费和生产消费,尤其是工人对生产资料的生产消费和工人生活消费之间的区别和联系。他指出:"工人的消费体现在以下两个方面:一方面是在生产本身中,他通过自己的劳动消费生产资料,并把生产资料转化为价值高于预付资本价值的产品。这就是他的生产消费。同时,这也是购买他的劳动力的资本家对他的劳动力的消费;另一方面是工人把购买他的劳动力而支付给他的货币用于生活资料,这是他的个人消费。可见,工人的生产消费和个人消费是完全不同的"。它具体体现在以下三个方面:一是两者并不是同一过程。前者发生在生产过程之内,后者发生在生产过程之外。马克思指出:"在前一种情况下,工人起资本动力的作用,他属于资本家;在后一种情况下,他属于自己。在生产过程以外,它可以执行生活职能。前者的结果是资本家的生存,后者的结果是工人自身的生存";二是两者产生的结果不同。后者的产物是消费者本身,而前者的产物是除消费者以外的产品;三是两者也存在一定的联系,即生产和消费之间的辩证关系,生产也是消费,消费也是生产。劳动消费是它自己的物质要素,即劳动对象和劳动资料,因而是消费过程。工人的个人消费,在一定限度内,也不过是资本再生产过程的一个要素。工人的个人消费不仅要保证他们维持自己和再生产自己,还要通过生活资料的耗费来保证他们不断出现在劳动市场上。

### (一)消费和生产之间的辩证关系

生产直接是消费,消费也直接是生产,生产直接也是消费。双重的消费,其主体的和客体的生产行为本身就它的一切要素来说也是消费行为。消费生产着"生产主体",消费也生产着"生产目的",生产着"消费本身",生产也生产着"消费对象"。在马克思社会再生产环节中,生产是起点,消费是终点。两者虽然具有联系,但并非统一的。

### (二)微观层面消费倾向的研究和古典经济学家存在许多相似之处

在马克思理论中,资本家和工人是两大对立阶级,其消费水平差异较大。资本家作为生产资料所有者,其收入和消费水平均较高。工人阶级为维持生存和延续后代不得不出卖劳动力,他们的收入和消费水平被劳动力价值控制在较低水平,甚至经常以劳动力价格的形式被压低在劳动力价值之下。工人消费是劳动力再生产和社会再生产的必要条件,也是资本家实现剥削和积累的重要手段。马克思对于劳动力价值的阐述和古典经济学中工资铁律的阐述有异曲同工之处。

## 二、西方经济学中的消费理论

### (一)古典消费理论分析

**》》 1. 工资铁律对工人阶级消费欲望的抑制**

古典经济学强调资本积累和财富增长,它主张将工人的工资限制在维持最低限度生活水平上。例如,李嘉图提出了著名的"工资铁律"。工资铁律源于"一切为了积累"的中心思想。它具体体现在以下两个方面:一方面是它将工资限定在最低生活水平可以防止工资基金挤占积累基金,从而有助于增加资本供给;另一方面是古典经济学家通常认为过高的工资可能会使工人变得懒惰。工资铁律将有助于将劳动供给维持在最大水平。例如,配第认为"法律应该使工人得到仅仅是必要的生活资料。因为,如何给工人双倍的生活资料。那么,工人所做的工作,只有他本来能做的并且在工资不加倍时实际所做的一半"。

古典经济学主流观点主张对消费进行节制,其具体到工人消费而言,节制主要表现为工资收入的限制,而非消费倾向的限制。工资几乎是工人收入的全部来源,工资铁律意味着几乎全部工资收入都用于购买必需生活用品,工人的生命及后代才得以延续。

#### ▶▶ 2. 鼓励资本家节制消费、增加积累

本着"一切为了积累"的思想,古典经济学多数主张资本家节制消费。它们将收入的更大部分用于积累形成生产性资本。这一主张不仅适用于资本家阶层,还适用于其他非以劳动为收入来源的阶层,例如地主。不管他们的收入来源于利润或是地租,他们都应尽量节制消费,尤其是奢侈品消费。他们将收入中尽可能大的比例用于积累和生产。以斯密为例,他的思想中处处蕴含着自然秩序和自然和谐的思想。他主张资本家将收入用于形成工资基金,雇佣更多劳动,形成工人的收入来源。因此,工人利益、资本家利益和社会利益实现了统一的和谐。配第认为积累是资本家的本性,地主等非生产阶层才是积累的主要障碍。因此,他主张对(多于生活必需的)过剩产品征税,这可以将资金从非生产阶层转移到生产阶层以促进投资。

从资本家和其他非生产阶级的整体来看,古典经济学节制消费的思想主要体现在抑制消费倾向上。利润收入和地租收入在保证资本家和地主的基本消费需求基础之上,尽量减少奢侈消费。他们可以将收入更多地用于积累和增加财富生产。由此可以推测,资本家和其他非生产阶级的消费倾向较小。资本和租金收入除用于满足消费需求之外,还要尽可能用于增加生产性投资。

#### ▶▶ 3. 萨伊定律对消费不足的可能性予以否定

古典经济学的关注重点在于增加财富生产,而不重视财富消费。其中隐含的前提是,消费不会对积累和生产扩张形成制约。但是,萨伊定律恰好为这一前提的成立提供了证明。萨伊定律是基于萨伊提出的三位一体分配公式,即产品价值

可最终分解为工资、利润和地租。意味着,这三种来源的收入不管是用于消费还是用于积累都会实现市场上产品的全部价值,也不会出现生产过剩。产品的供给自动会创造它自己的需求。灵活的利率和价格机制是实现这一过程的重要保证。

萨伊定律有力支撑了古典经济学节制消费和抑制消费倾向的主张。基于三位一体分配,社会成员也相应地简单划分为工人阶级、资本家阶级和地主阶级。在这三个阶级中,整个国民收入进行分配。各个阶级的收入水平、收入来源、消费水平和结构有所不同,其消费倾向也自然不同。从整个社会的角度来说,总消费倾向是基于一定分配关系的。在总收入中,各阶级收入所占的比重即构成该阶级消费倾向在社会总消费倾向的决定公式中的权重。萨伊定律意味着不管各阶级的收入在多大比例上用于消费或投资,不管各社会阶层的消费倾向如何,也不管社会总消费倾向的高低,社会总产品的价值总能够实现,它不会出现全面生产过剩。

#### ▶▶ 4. 西斯蒙第与马尔萨斯

(1)西斯蒙第

西斯蒙第比其他古典经济学家更全面地看到了消费对财富生产的限制性作用,也较早地看到了资本主义社会中生产和消费之间的尖锐矛盾。他指出,社会主要的消费者是工人和农民,但是工人和农民收入不断下降,其消费也相应不断压缩,最终,这会导致经济危机。由于财富集中到少数私有者手中,国内市场就必定要日益缩小,工业就必定日益需要寻求国外市场。因为,该国的工业就要受到更加巨大的波动的威胁。资本主义过度压缩的消费,这可能会导致生产停滞或过剩。反而,它会阻碍积累和财富增长。西斯蒙第较早地认识到,从整个社会角度看,过低的消费倾向会导致消费不足,进而对财富增长产生不利的影响。

西斯蒙第将消费不足的原因归结为错误思想支配和执政者遵循错误政策导致,财富分配不合理和机器大工业之间矛盾。他主张政府干预,保障穷人利益。他主张把大工厂分为独立手工作坊,大资本分解为小资本,从而满足小生产的平等心理。从一般规律来说,在消费的需要超过居民所握有的生产资料的时候,任何机器方面或技术方面的新发明都是对社会有利的。因为,这种新发明提供了满足现有需要的手段。相反,在生产已经能够充分满足消费的时候,同样的任何发明在我们现有的社会组织中就都是一种灾难了。因为,它除了以更加便宜的价格满足消费者需要以外,并没有给消费者增加任何享受。而且,令人愤恨的是,它还把廉价的好处与人的生命等值看待。西斯蒙迪强调生产和消费要同比例增长(比例均衡),表现在消费倾向上,它就是维持着与积累水平相适应的总消费倾向。

(2)马尔萨斯

马尔萨斯也认识消费不足的危害性,他强调资本主义经济出现的有效需求不足主要原因在于非生产阶级消费不足。因为,"资本家的气质是节约而不是消费"。他们有消费能力,但无消费意愿;工人消费以工资为限,其消费能力"不能单独激励资本运用"。因此,地主消费格外重要。同时,他还主张收入再分配增加非生产性消费者收入。马尔萨斯认识到消费倾向过低的危害,并按阶级分析了原因。他指出非生产阶级的消费倾向过低是造成社会总消费倾向过低的原因。

### (二)新古典消费理论分析

#### ▶▶ 1. 基于效用理论

(1)边际效用递减规律

新古典经济学把消费看做是基于一定欲望之下满足需要和提供效用的过程,效用成为衡量消费的满足程度的单位。门格尔强调,效用,它就是一物用以满足人类欲望的能力。在杰文斯那里,效用表现为快乐,它是正向的行为动机。尽管在如何衡量和比较不同个人消费不同商品的满足程度上还存在争议,效用这个衡量单位却被广泛接受下来,并成为消费理论的重要基础。

(2)消费需要的等级性和层次性

即使假定不同商品所提供的效用在质上是相同的,但在量上也是不同的。这源于不同种类和不同层次的消费需要所提供的满足程度不同,即消费需要具有等级性和层次性。门格尔强调:"对于人类来说,通常是保持生命所依存的欲望满足才具有最高的意义。至于其余欲望满足所具有的意义,则可以按照我们福利依存的程度(持久度与强度),而将其分为若干等级。"在一定程度上,这种等级性和层次性可以反映在满足需要的时间紧迫性上。当前需要的满足通常要优先于将来需要的满足,因为当前需要的满足通常是将来需要产生的前提。这也导致人们在满足需要的过程中产生了一个心理上的"时间偏好率"或"时间贴现率"。门格尔指出,"我们欲望满足,即攸关我们生命的保持,则早期欲望满足的保证,自然就优先于晚期的欲望。我们支配着一定数量的财货,纵使它对于我们的生命是无关紧要的,而只关系与我们的长远福利,但早期福利的保持,则实为晚期福利的前提条件"。经济人通常是按照时间的顺序,先求最近将来的欲望满足,然后才依次及于较远将来的欲望满足的。杰文斯也承认,"一个人所能有的感情是有种种等级的",而对于感情等级的衡量则要取决于"强度、历时、确实性、远近性"。戈申较早地提出了需要饱和定律。随着消费量增加,人们需要满足程度逐渐减少,直到达到需要的"饱和点"。边际效用递减规律是采用效用和边际效用的概念对饱和定律的重新诠释。随着消费数量增加,新增单位数量商品所带来的效用增加也会逐渐减少,直至为零。这意味着个人对某一种类商品的需要是有限的。尽管个人对某一种商品的需求量是有限的,但就人类欲望总体而言就长期来看是无限的。当某一层次需求得到满足,甚至在该层次需求尚未达到饱和点之前,人们对更高层次的欲望就会产生。维塞尔指出,"除了连续不断地满足使欲望逐渐减弱其效果之外,我们还发现在某种情况下有相反的趋势。也就是,我们通过反复和练习,欲望会成长起来——这是以往欲望就是这样发展的。它开始认识它自己,也认识自己的目的和自己的手段,并使自己变得又精炼又强烈"。维塞尔强调需要的具体有限性和抽象无限性,"满足不但不减弱这种需要。反而,由于它经常有助于这种需要的发展,尤其由于它引起市场变换花样的欲望,满足还会刺激这种需要。至于需要的个别感觉,则不是这样。在时间上和内容上,这些感觉都有着狭隘的局限性"。人类欲望具有无穷无尽的特点,越是高级的需要越是无限。杰文斯"我们的需要越是高尚,越是有精神的性质,其饱和的可能性便越是小"。从时间远近来看,人类欲望具有短期有限性和长期无限性。门格尔指出"人类欲望是具有无限发展性的""无限发展指的是欲望的无限进步,而不适用于满足一定期间内的欲望所必需的财货数量。在极长远的期间内,人类的欲望是无限发展的。在一定时期内,特别是在人类进行经济活动所考虑的期间,其数量是有一定限度的"。

(3)效用最大化原则

正是因为欲望的无限性和资源的有限性,人类无法满足所有需要。我们必须在需要中有所取舍,而取舍的标准就在于使每一种商品的最后一个单位增量所带来的效用相等。在边际效用递减规律的作用下,这种行为标准能够确保在该标准下选择的商品集能够带来最大的总效用。效用最大化成为新古典经济学中消费者的行为准则。效用最大化是在一定的资源约束之下进行的,这个约束通常称为预算约束。对于个人来说,预算约束表现为他为满足消费需求所能动用的资源总量,它包括收入流量和财富存量。新古典经济学没有充分考虑财富存量,他具体体现在以下两个方面:一方面财是富存量的持有方式决定了它的流动性,除现金以外其他方式的财富要变成购买力都在一定程度上受到相关市场制约;另一方面是新古典经济学延续了古典经济学的传统思想,它强调个人为将来谋划进行积累的必要性。因此,收入是预算约束的主要方面。预算约束确定了消费者所面临选择集合的边界。在边际效用递减规律和效用最大化行为准则之下,在既定的预算约束之下,消费者对各种商品进行选择,同时满足不同种类的需要。价格成为新古典经济学中影响消费决策的最重要因素。一般而言,商品价格越高,其收入效应和替代效应同时发生作用。在一定预算约束下,消费者对该商品的消费量就越少。

### ▶▶ 2. 现在的需要与未来的需要

(1)强调为满足未来需要进行投资和储蓄的必要性

门格尔认为投资即高级财货(即资本品)的生产是一种对未来需要的筹划,他强调"这个筹划的努力,它是其余一切努力的前提和基础"。"人类文化越进步,获得为满足欲望所必需的财货的生产过程越延长。那么,人类为了满足其在将来时期的需求,他们越要及时地做好筹划。"

(2)当前的投资在一定程度上决定了未来满足消费能力的大小

人们越能不断地增加对高级财货的利用,人们对于支配享乐资料的能力就会变得越大。在一定程度上,当前消费需要的减少能够增加未来满足消费需要的能力。

(3)储蓄向投资的转化是满足未来需要的条件

为满足未来需要,人们光保有资本是不够的,还需要将资本固定于生产过程。这过程也需要一定时间。在未来一定时点上,人们为了支配一种低级财货,他们就不仅要保有相应的高级财货,还必须保持足够的时间将其固定于生产过程之中。

(4)满足现在需要和未来需要的时间因素

从消费需求的角度,人们通常更倾向于优先满足当前的需要,他们对未来需要所提供的效应在心理上做一个贴现的计算。从当前资本品生产到未来满足需要的过程,它需要一定的时间间隔。门格尔认识到从资本品到消费品的"一切变形过程都意味着一个发生和一个成长,而这样意义的变形过程只能发生在时间的过程中"。

(5)时间本身意味着不确定性

正因为从当前资本品生产到未来满足消费需要之间存在一定的时间间隔,其过程中蕴含种种不确定性。这种不确定性具体体现在以下两个方面:一方面是来自对未来消费需要的预期不确定,消费者不确定某种消费欲望在将来是否会发生,即便确定发生,也不确定具体数量;另一方面是这种不确定性来自对满足将来消费欲望的能力不确定,将资本固定于生产过程本身就放弃了将其用于满足当前消费需要的可能性,伴随时间而来的自然磨损也给整个过程带来损失。这种不确定性给人类对未来的预筹活动造成困难,也使得预筹活动的必要性凸显。

新古典经济学强调消费和积累,它对两者关系的认识是和谐的。当前消费需要减少意味着积累增加,当前积累意味着未来更大的消费需要。当前消费需要的节制是未来实现更大消费需要满足的需要,也必然能够提供未来满足更大消费需要的能力。消费投资结构是消费者主动选择的结果,它是人类对未来进行预筹的结果。

▶▶▶ 3.一般均衡理论分析

在新古典经济学一般均衡框架下,消费和投资的关系是和谐的。一般均衡理论是对萨伊定律的发展,其本质上都否定全面过剩的可能性。在一般均衡框架下,任何投资消费结构的变化都会通过均衡价格体系的调整而迅速实现。人们减少当前消费增加当前积累,这意味着消费品价格下降,资本品价格上升。他的生产资源从消费品生产领域流向资本品生产领域,消费品和资本品价格之间形成新的均衡。

在一般均衡框架下,消费倾向并不会导致需求不足。消费倾向下降,仅仅意味着更加迂回的生产方式和未来更大的消费需要。至少在当前时期,消费倾向下降并不是值得忧虑的事情。至于未来如何消化更大的供给,新古典经济学并没有深入探讨。

## 三、现代消费理论分析

现代消费理论大致经历了以下三个发展阶段:一是 20 世纪 30 年代至 20 世纪 50 年代,以凯恩斯的绝对收入假说和杜森贝里的相对收入假说为主要代表;二是 20 世纪 50 年代至 20 世纪 70 年代,以弗里德曼的持久收入假说和莫迪利亚尼的生命周期假说为主要代表;三是 20 世纪 70 年代至 21 世纪,以随机游走假说、预防性储蓄假说、流动性约束假说、缓冲存货假说等为主要代表。在马克思消费理论中,它强调资本家和工资之间的阶级对立。这也意味着阶级地位对于个人的消费可能产生重要影响。资本家和工人两大阶级的区别在于所占有的生产资料不同,他们分别占有资本和劳动。因此,资本家和工人收入所产生的来源不同。

收入来源不同对消费的影响在现代经济生活中体现在工资性收入和经营性收入等不同来源，收入的消费倾向也可能不同。除此之外，马克思强调资本家对剩余价值的剥削，他描述了资本家骄奢的生活。资本家通过占有剩余价值享受比工人高得多的收入水平。因此，收入水平在马克思消费理论中也是可能对消费倾向产生影响的因素。

古典经济学主要强调了收入因素对于社会消费倾向的决定性作用。按照阶级划分的收入来源，它主要体现在以下两个方面：一方面是它决定了收入的支出倾向，工人的工资收入主要用于消费，资本家和地主等非劳动收入有强烈的用于积累的欲望；另一方面是也决定了收入水平，工人的工资水平控制在较低水平，消费也被控制在维持生存的水平之上。资本家和地主等非生产性消费者收入较高，除满足自身生存需要和部分发展享受需要之外，他们尚有结余用于积累和扩大再生产。除西斯蒙第和马尔萨斯以外，古典经济学家并不重视消费倾向过低和消费不足，他们否定其对经济均衡的破坏性作用。西斯蒙第和马尔萨斯均认识到消费倾向过低和消费不足的危害，他们均强调收入再分配对于提高消费倾向的重要作用，从而具有重要理论指导意义。然而，西斯蒙迪强调小资本生产方式，这不仅不利于生产力发展，还不符合现代经济发展规律。

新古典消费理论和古典消费理论相比，更加注重从微观层面对消费问题进行研究。它深入阐述了欲望、需要和消费等之间的关系。和古典消费理论强调收入因素对消费倾向的影响不同，新古典消费理论强调价格因素的作用。消费品之间的相对价格是效用最大化的基础，它决定了消费支出在各种商品上的分配比例。消费品和资本品之间的相对价格决定了收入在消费和投资之间进行分配的比例关系。除价格因素之外，新古典消费理论还强调了不确定性对于收入在消费和积累之间的分配比例。在消费倾向对于宏观经济均衡的影响上，新古典消费理论延续了古典消费理论中萨伊定律的思想代之以一般均衡理论，它否定了消费倾向过低的危害。另外，新古典消费理论用效用这个工具来分析消费的方法在现代消费理论中得到了广泛的应用。

现代消费理论把消费倾向作为研究的核心内容，它沿用了新古典效用分析工具。因此，人们对影响消费倾向的因素有了更加全面的认识。除收入和价格因素以外，它还深入探讨了不确定性、信贷可获得性、消费习惯、年龄因素等对消费倾向的影响。凯恩斯格外强调了消费倾向递减的趋势及对宏观经济均衡所造成的困难。但是，弗里德曼和莫迪利亚尼并不强调这一点。因为，现代消费理论肯定了消费倾向维持稳定的可能性。可以看到,尽管各种理论的侧重点有所不同,但都肯定了收入因素、年龄结构、利率、不确定性、文化等因素对消费倾向的影响。

# 第二节 居民消费行为的特征及相关研究

## 一、中国居民消费的改变

### (一)快速提高的城乡居民消费水平

市场化改革和对外开放不仅带来劳动生产力的释放,还给人民群众生活水平带来翻天覆地的变化。在此基础上,居民消费水平大幅增长。但是,它的增长仍然慢于居民收入水平。而且,居民消费水平在世界范围内仍处于不高的水平上。改革开放以来,我国进行了以市场化为导向的经济体制改革。它发挥了市场力量优化资源配置的作用,并充分激发了生产主体的活力。劳动力生产率有了较大提高,城乡居民收入水平快速增长,居民消费水平也大幅度提高,生活水平得到了明显的改善。

### (二)居民消费增速慢于居民收入的增速

尽管我国城乡居民收入和消费水平都有了快速提高,但居民消费增长仍然慢于居民收入增长。从居民实际收入和实际消费增长速度对比来看,城乡居民收入增速和消费增速在 20 世纪 80 年代表现出相互独立的变化特点。进入 20 世纪 90 年代以后,两者在增长步调上的协调一致性逐渐增强。尤其是,进入 21 世纪以来的十余年时间内,居民消费和收入同增同减的"共振"性表现明显。并且,城乡居民收入增速自 20 世纪 90 年代初以来就明显快于城乡居民消费增速。两者之间的差距在进入 21 世纪后的最初几年尤为明显。从城乡居民人均收入和消费水平也可以看出,居民收入增长快于消费增长。农村居民收入和消费增长速度比城乡居民更加协调一致,除改革开放最初的几年以外,农村居民收入和消费支出在总体上表现出同增同减的"共振性"。然而,从农村居民收入和消费水平的对比可以看出,农村居民收入增长明显快于消费增长速度。

### (三)城乡居民绝对消费水平较低

自改革开放以来,我国居民消费水平迅速提高,人民生活水平有了极大改善。然而,城乡居民绝对消费水平仍然较低,他们存在极大改善的空间。从居民人均消费支出水平来看,我国城乡居民人均消费支出水平在世界范围内处于偏低水平。

## 二、中国居民消费倾向变化特征

### (一)改革开放后的居民消费倾向总体下降

#### ▶▶ 1.改革开放前的居民消费倾向稳定在较高水平

改革开放以前,我国居民消费倾向始终维持在较高水平上。改革开放以前,我国经济处于计划经济体制之下,居民消费行为也在计划控制之下维持着较低的水平。由于生产力水平低下和流通体制不畅,产品供给数量极其有限,市场上并没有太多可供消费的产品。除此以外,由于居民收入水平不高,其收入增长缓慢,它们缺乏消费能力。改革开放以前,我国工业总产值增长了 38.2 倍,农业总产值增长了 2.4 倍,国民收入增长了 6.8 倍,财政收入增长了 6.8 倍。然而,全民所有制职工工资年均增长仅 1.4%;其中,在 1957—1978 年,我国劳动生产率年均增长 2.7%,同期劳动工资年均增长仅为 0.1%。在劳动工资近乎零增长且被压低在劳动边际生产率以下,相比而言,同期物价水平上涨了 0.3%。这意味着,居民实际工资收入不仅没有增长,反而有所下降。居民工资收入水平极低且无增长,同时还实行了凭票购买的票证制度。国家通过票证的行政分配限制了消费者的选择自由。在以上这些因素的共同作用之下,居民的收入和消费水平都被维持在极低的生存水平之上。他们微薄的收入都被用于购买日常消费用品。他们的生存压力迫使消费动机战胜了积蓄欲望,其低收入水平限制了积蓄能力。居民收入几乎全部用于消费,居民消费倾向相对稳定在较高的水平上。据估算,在 1952—1978 年,城乡居民平均消费倾向维持在 95% 以上;在 1978 年,它高达 98%。居民收入基本全部用于满足消费需求,他们储蓄动机极弱,居民所持有的储蓄和资产规模很少。在 1978 年年末,城乡居民储蓄余额仅有 210.6 亿元。其中,城乡居民持有 154.9 亿元,而同年居民消费为 1759.1 亿元,GDP 则高达 3605.6 亿元。

改革开放之前,居民高消费倾向和弱储蓄动机主要是低工资收入政策的结果。为了实现快速赶超战略,我国在改革开放之前的计划经济时期实行了重工业优先发展战略,为快速积累人为地压低劳动工资水平。据胡和卡恩估算,在1952—1978 年,我国劳动工资收入占国民收入的份额大多数年份都低于 40%。维持在较低水平且无增长的工资收入使得居民消费也维持在较低水平。低工资低消费政策导致居民储蓄倾向低,居民储蓄动机不强。它具体表现在以下五个方面:一是居民工资收入不仅低而且极其稳定,不存在生命周期内平滑消费的需要;二是居民工资收入维持在较低水平,居民对高档耐用消费品需求少,为耐用品消费进行储蓄积累的需求少;三是居民工资收入稳定对未来的预期也稳定,退休收入和当前收入基本相当。在全方位福利体制下,居民不存在为退休养老进行储蓄积累的需要;四是在计划经济体制下,个人风险和社会风险都很小,其预防性储蓄动机弱;五是重工业优先发展战略压低了要素成本,其利率水平较低。居民储蓄的金融资产功能弱化,他们不存在以获利为目的的储蓄动机。

### ▶▶ 2. 改革开放后的居民消费倾向下降至较低水平

改革开放以后,我国实现了从计划经济体制向市场经济体制的转变,居民消费倾向也随之逐渐下降。它具体体现在以下两个方面:一方面是城乡居民消费倾向持续下降。我国城乡居民消费倾向表现出总体持续下降的趋势。以城乡居民消费倾向用城乡居民人均消费性支出占人均可支配收入比重来衡量,城乡居民人均消费性支出占人均可支配收入 45% 的比重,自改革开放以来表现出总体下降的趋势;另一方面是农村居民消费倾向波动下降。农村居民消费倾向用人均生活消费性现金支出占人均纯收入的比重来衡量,总体上看也表现出下降趋势,但波动幅度比城乡居民更大。农村居民边际消费倾向可采用人均消费支出增量与人均纯收入增量之比来衡量,从总体时期来看,改革开放以来农村居民边际消费倾向并没有表现出非常明显的上升或下降趋势。

### (二)城乡居民消费倾向表现出二元特点

### ▶▶ 1. 城乡居民消费倾向表现出一定的共性与差异性

对比城乡居民和农村居民的平均消费倾向,我们会发现,从总体上看农村居民平均消费倾向表现出更大的波动性。对比城乡和农村居民的边际消费倾向,我们可以发现,农村和城乡边际消费倾向也表现出"共振"的特点。它们具有同步上升同步下降的特点,但农村居民的"振幅"明显大于城乡居民,即农村居民边际消费倾向表现出有更大的波动性。

由此可见,城乡居民和农村居民消费倾向的变化既表现出一定的共性,也表现出差异。共性体现在以下两个方面:一方面是目前,我国平均消费倾向均进入下降的通道;另一方面是边际消费倾向表现出"共振"特点。意味着,它存在一些普遍因素同时作用于城乡居民消费支出行为。差异体现在以下三个方面:一是不管是平均还是边际消费倾向,农村居民都表现出比城乡居民更大的波动性;二是城乡居民边际消费倾向表现出下降的趋势,而农村居民并未表现出下降趋势;三是农村居民边际消费倾向出现了明显的异常点,这是导致城乡居民平均消费倾向在 20 世纪 90 年代发生"分歧"的主要原因。

▶▶ **2.总体上农村居民消费倾向低于城乡居民**

不少研究者指出由于统计指标差异实际上数据并不具有直接的可比性,并试图对指标进行调整后比对,如王检贵、林长泉、丁加华、吴亚平。这些研究都无一例外地提到了城乡居民收入被"低估"的情况,却基于此得出了相反的结论。以王检贵为代表的学者认为由于城乡居民消费倾向收入被低估,因此,消费倾向被高估了。实际上,城乡居民消费倾向要低于农村居民。这也符合凯恩斯消费倾向递减规律。尽管城乡居民收入低估被认识到了,然而这些研究却忽略了这些收入同时也是被消费掉的隐性支出。吴亚平认识到这一点进行了补充研究,他认为城乡居民消费倾向不是被高估了,而是被低估了。实际上,城乡居民消费倾向要比农村居民高估更多。从隐性收入到隐性消费的认识是一种进步,然而农村居民收入支出的调整却被多数研究忽略了。尤其是,在市场改革早期,农业商品化程度并不高。农民自给性消费支出占全部消费比重比较大。这部分自给性消费同时也构成农村自产收入,却未计入统计。考虑到农村收入支出的调整,农村居民改革开放早期的消费倾向也存在被低估的倾向。它具体体现在以下两个方面:一方面是对于城乡居民而言在统计调查的可支配收入之外,还有一些尚未统计在内的隐形福利收入。这部分福利收入是农村居民所不具有的;另一方面是对于农村居民而言,存在一些自产自销的产品并未计入统计调查数据之中,却在满足着农村居民消费需要,对通过商品市场满足需要的消费行为也必然产生影响,而这种自产自销收入是城乡居民所不具有的。随着城乡福利制度改革,城乡居民的隐形福利收入逐渐取消;而随着农村商品市场的发展,农村居民自产自销收入所占比重也逐渐减少。如果将城乡居民隐形收入和农村居民自产自销收入均考虑在内,城乡居民实际消费倾向均要高于调查统计数据计算得来的消费倾向。这就意味着,在改革开放初期,城乡居民的实际消费倾向要更高,也意味着城乡居民消费倾向下降的幅度要更大。

考虑到城乡居民社会保障制度的差异及二元经济体制特点,我们可以粗略地比较近些年城乡收入水平较为接近的居民之间消费倾向的差异和收入位置相对接近的城乡居民的消费倾向。导致这一现象的原因可能是以下两方面:一方面是在社会保障、金融市场发展程度、收入稳定性、流动性约束等方面,农村居民的确落后于城乡居民。这使得农村居民进行了更多的预防性储蓄,农村地区商品流通体系建设也落后于城乡,商品供给数量、品种和质量等对农村居民消费的制约作用大于城乡;另一方面是可能因为城乡分割体制存在使得城乡之间的消费示范效应要弱于城乡内部的消费示范效应。在农村地区,收入处于上游的居民更容易将自己的消费水平和距离较近的其他农村居民进行比较,他们受到城乡高收入群体的示范效应更弱。

在城乡居民中,收入最低的 20％ 人口为最低收入阶层和低收入阶层,各占10％。这两个阶层居民收入分别有 92％ 和 79％ 用于消费,而农村居民中收入最低的 20％ 中收入全部用于消费还不够。他们的消费支出明显超过收入水平,其处于负债消费状态。在城乡居民收入最高的 20％ 中,高收入阶层和最高收入阶层分别将其收入的 68％ 和 62％ 用于消费,而农村地区收入的最高 20％ 居民仅将收入的 58％ 用于消费,它明显低于同一收入阶层的城乡居民。通过对比可以发现,在绝对收入水平比较接近(没有考虑城乡价格差别)的收入群体中,城乡居民消费倾向要高于农村居民;较为接近的收入阶层之间比较来看,收入水平低于平均水平,农村居民消费倾向要高于城乡居民;而在收入水平高于平均水平时,农村居民消费倾向要低于城乡居民。通过对比这种按收入阶层划分居民之间的消费倾向,我们可以发现,城乡居民之间消费倾向变化的幅度不同,各收入阶层的城乡居民消费倾向变动范围明显要小于农村居民消费倾向。

通过横向对比城乡不同收入阶层之间消费倾向对于通过收入再分配政策调整以扩大居民消费提供了基础。其中,具有高消费倾向的群体应以提高收入水平为主要政策着力点。由此可见,城乡居民 20％的最低和低收入阶层和农村 20％低收入阶层都应该是收入再分配政策重点保障收入水平的对象。除此之外,横向对比还给城乡化对于扩大居民消费提供了有益思路。城乡收入水平相当的居民却具有差别较大的消费倾向,其相似收入水平的农村居民具有更低的收入倾向。国家通过加快实现人口城乡化、农民市民化可以释放一部分居民消费。

### (三)城乡居民消费倾向表现出逆周期特点

**▶▶ 1.城乡居民消费倾向的逆周期特点**

中国城乡居民边际消费倾向表现出明显的逆周期特征。在实际可支配收入增速较高的年份,边际消费倾向较低,而在实际收入增速低的年份反而高。这和王珺和邱洪刚等研究结论完全相反,这在一定程度上也证明了收入增长对于居民消费倾向的影响。

**▶▶ 2.农村居民消费倾向的逆周期特点**

中国农村居民边际消费倾向也表现出明显的逆周期特征,在收入增长率高的年份,其边际消费倾向低;在收入增长率低的年份,其边际消费倾向反而高。这和理论预测一致,它不同于王珺和邱洪刚等人的研究。和城乡居民边际消费倾向的逆周期特征相比,农村居民的逆周期特征较不明显。它的可能原因在于收入增长对于农村居民边际消费倾向的影响要弱于城乡居民。

城乡居民边际消费倾向所表现出的逆周期特征和凯恩斯观点一致。在经济周期波动中,当经济处于接近充分就业水平时,居民边际消费倾向下降,反之亦然。它具体体现在以下两个方面:一方面是由于凯恩斯提到的收入分配效应。当经济处于上行区间时,收入分配变得更加青睐资本所有者,而这部分的消费欲望和倾向更低。同时,失业率降低也倾向于提高低收入者收入,降低消费倾向;另一方面是当经济处于高涨时期,收入增长更快。由于消费惯性导致消费行为调整存在时滞,它和收入增长相比消费增长表现出更大的“黏性”,也是导致居民边际消费倾向表现出逆周期特征的原因。这也说明了经济周期因素对短期居民消费倾向尤其是边际消费倾向的影响。

## 三、我国居民消费倾向存在的问题

### (一)居民收入快速增长背景下的居民消费倾向

我国城乡居民消费支出占个人可支配收入比重自改革开放以来下降十分明显,发生在居民收入快速增长的背景之下,居民消费倾向下降可能是居民收入快速增长的结果。它具体体现在以下两个方面:一方面是居民收入快速增长,这使得居民收入水平快速提高。它满足消费需要的能力日益增强,其消费范畴从低层级向高层次扩展,从而促使居民消费结构升级。另一方面是消费需求的调整通常相对于来说滞后于收入调整,两者之间存在的"时滞"。弗里德曼将这一"时滞"假定为 3 年之久,即从"收入增长"到"消费增长"之间存在一定的消费心理调整时期。当收入增长经历了 3 年之久,增加的收入就获得某种"持久性"。它可以使得消费者更加"放心大胆"地将增加的收入用于消费。凯恩斯也承认"人类的习惯在短期内没有足够的时间来改变,它对消费的调整在短期也不可能完全实现"。然而,弗里德曼和凯恩斯仅看到短期内居民消费调整的"时滞",它可以解释短期内我国城乡居民边际消费倾向下降及居民消费倾向表现出的逆周期特征,却不能解释城乡居民在长达三十余年的时间内的长期持续的下降趋势。凯恩斯认识到对长期消费倾向可能产生影响的制度因素可以从历史的角度加以考察或把不同类型的社会制度加以比较的研究中,我们必须考虑主观条件的改变以何种方式来影响消费倾向。长期主观因素在凯恩斯那里体现为储蓄动机发生了变化。莫迪利亚尼将影响长期消费倾向的因素聚焦在收入增长速度上,和收入高速增长相伴的必然是更高的储蓄倾向。随后,它发展起来的以预防性储蓄假说为主的新消费理论也认识到长期影响消费倾向的因素,即不确定性条件下的预防性储蓄动机。改革开放以来,我国经历了"世界少有"的经济体制改革,它具体体现在以下两个方面:一方面是促进了居民收入快速增长;另一方面是也可能对居民储蓄动机产生了影响。可见,居民收入快速增长可能是导致长期居民消费倾向下降的重要原因。

### (二)居民绝对收入不高背景下的居民消费倾向

我国尽管居民收入经历了长达三十余年的高速增长,就绝对收入水平来说仍然不高。我国仍然处于社会主义初级阶段,并将在未来相当长一段时间处于初级阶段。我国主要矛盾是人民日益增长的美好生活需要和不平衡不充分的发展之间的矛盾。

发展经济的最终目的是满足人类消费需要,消费是人们从事生产劳动的不竭动力。尽管我国已经成为世界第二大经济体,但人均收入和消费水平都还分别处于中等收入行列和中低收入行列。居民收入和消费水平并不高,这意味着仍然客观存在着大量有待满足的消费需要。在这样的情况之下,居民消费倾向一降再降,居民收入向居民消费转化的"漏出"越来越多,这和大量客观存在的消费需求是看似矛盾的。

作为世界第一大经济体,美国居民拥有远高于中国的收入,其消费水平也处于世界前列。如此高的发展水平说明其国民消费需求得到了极大满足,消费需求增长和消费结构升级的空间和潜力减小。然而,现实的情况是,美国居民依然将其收入的90%以上都用于满足消费需要。美国居民表现出的"过度消费"与中国居民"消费不足"形成鲜明对比。

中美不同的文化背景可能影响中美居民消费倾向的可比性,和中国具有相似文化背景的日本也一度出现居民消费倾向长期大幅下降的现象。中日居民消费倾向之间不仅变化趋势接近,他们的绝对水平也非常接近。然而,需要注意的是,日本作为发达经济体,其国民收入已达到极高水平。在此基础上,日本居民消费意愿不强,消费倾向不高是相对合理的。我国面临居民消费倾向下降,居民消费意愿不强,这可能较早地就形成了对中国经济持续增长的制约。如果居民消费倾向进一步下降至更低水平,就意味着,我国将很快面临消费需求不足导致的经济增速减缓甚至经济停滞。届时,我国实现全面小康的战略目标将无从实现,我国实现民族伟大复兴的梦想也难以实现。

在居民收入快速增长而绝对水平较低的背景之下,中国居民消费倾向持续下降至较低水平。收入增长,意味着就总体而言,我国消费的能力增加。与此同时,消费并未同等程度增加。这说明尽管总体而言消费的能力增加,但总体满足消费的意愿并未同等程度增加。原因可能在于以下两个方面:一方面是从总体层面来看存在一些因素制约了消费增加。例如,社会总抚养比下降导致劳动年龄人口比重增加,社会中进行劳动生产创造收入的人所占比例更大,而他们无法创造收入而进行负储蓄消费的群体比重更小。这就会导致消费增加慢于收入增加。社会保障和福利体制改革增强了居民的不确定感,为了应对未知冲击,居民增加了预防性储蓄。另一方面是尽管社会总体消费能力增加,但增加并不均匀。也就是说,有着强烈消费意愿的群体消费能力并未大幅增加,而相反收入增加较多的群体却没有强烈的消费意愿。这可以从总量和结构性两个角度解释收入快速增长而消费并未同步增加的原因。

与此同时,居民绝对收入水平仍然不高。合理推测存在大量有待满足的客观消费需要,这与消费意愿相对不足形成反差。客观消费需要似乎和主观消费意愿之间产生了某种错位。从总体来看,客观消费需要向主观消费意愿转化的过程中,它缺乏一定的条件导致客观消费需要并没有全部转化为消费意愿。例如,低收入群体从客观来讲在衣食住行等多个方面都没有得到很好满足。然而,由于社会保障不完备而不敢消费,客观消费需要没有转化为主观消费意愿。从结构上来看,存在客观消费需要的群体由于条件缺乏而不存在主观消费意愿,而存在主观消费意愿的群体却不存在客观消费需要。例如,富人尽管收入水平高、社会保障健全,他们可能存在主观消费意愿,愿意消费,但是由于他们需要已经得到了极大满足而难以找到客观的消费需要;穷人尽管存在大量客观消费需要,但由于收入水平低、社会保障不健全等愿意导致主观消费意愿不强烈。从总量和结构两个角度,我们也可以解释收入绝对水平不高而消费倾向较低的原因。

# 第三节 提高居民消费倾向的必要性及政策建议

## 一、提高居民消费倾向的重要性

### (一)提高居民消费倾向有助于经济增长

▶▶ 1.给经济高速增长提供了资金

在改革开放之初,随着城乡居民收入水平提高,居民消费倾向下降,居民储蓄存款大幅增加。它具体体现在以下两个方面:一方面是长期压抑的消费需求得到释放的正常表现;另一方面在当时的特定历史时期下一定程度上,它不仅为国民经济投资建设提供了资金供给,还为支撑国民经济快速增长起到了一定积极的作用。

在一定程度上,居民消费倾向下降导致高储蓄率。改革开放之初,城乡居民持有金融资产主要是以储蓄存款、手持现金等为主。随着资本市场的发展和资产品种多样化，居民持有资产的途径更加多元。但储蓄存款仍然是最主要的持有形式。伴随着城乡居民收入水平提高和消费倾向持续下降，城乡居民储蓄存款大幅增加。城乡居民储蓄存款余额和年增加额的增长速度不仅明显要快于居民消费规模增长速度，也快于国民生产总值增长速度。说明居民储蓄占经济总量的份额总体呈现上升趋势。在一定程度上，城乡居民储蓄存款大幅增加导致储蓄存款总额增加。居民储蓄是构成总储蓄的最主要部分。居民收入增加的同时，储蓄意愿和倾向也同时增加。这导致居民储蓄存款增加，进而储蓄额增加。在一定程度上，储蓄存款总额增加导致储蓄率上升。储蓄存款总额是狭义储蓄的概念，总储蓄是广义储蓄的概念，后者包含前者。在其他条件不变的情况下，储蓄存款总额增加会导致总储蓄增加。在经济规模不变的条件下，它可以导致总储蓄率上升。

高储蓄率支撑高投资率和高增长率。高储蓄率是高投资率的基础。储蓄为投资提供资金来源，居民投资主要有以下两种途径的资金来源：一种是国内储蓄；另一种是来自国外的资金。对于我国而言，国内储蓄是投资最主要的来源。

#### ▶▶ 2.加剧了增长对投资与出口的依赖

在特定历史时期，尽管居民消费倾向下降和居民储蓄增长曾经起到至关重要的积极作用。然而，随着国民经济的发展，我国经济社会所面临的国内外经济形势与环境发生了很大变化。居民消费倾向持续下降的积极作用逐渐减弱，而负面效应却日益凸显。

（1）居民消费倾向是有效需求的重要组成部分

居民消费是消费和主要构成部分，消费是有效需求的主要构成部分。消费、投资和出口作为经济增长的三驾马车，它们共同拉动经济增长。居民消费倾向下降使得消费这一驾马车缺失了重要部分。为了实现既定的经济增长，缺失的消费就需要由投资和出口的弥补。在一定程度上，我国居民消费倾向下降导致了居民消费率下降，进而导致消费率下降。伴随着居民消费倾向下降而出现的过度储蓄和消费不足，它已经在阻碍中国经济的发展。

（2）居民消费倾向下降加剧了增长对投资的依赖

居民消费倾向下降使得居民消费率下滑，进而总消费率下降。与此相应，其投资率节节攀升。高投资率和低消费率一直以来都被视为国民经济比例性失调，这一失调现象在计划经济时期就存在。在改革开放以后，伴随着居民消费倾向持续下降,这一比例性失调不仅没有改善反而恶化了。在一定程度上,居民消费倾向下降强化了经济增长对投资的依赖程度,固化了投资拉动型增长模式。经济增长是我国经济发展的首要目标。无论是从改善居民生活水平、创造就业机会还是实现经济赶超来说,我国经济发展都离不开经济增长。甚至在政绩考核体系中,这一目标都占据非常重要的位置。我国对经济增长的强调使得实现一定的增长率成为各地的一个发展任务。各地政府为实现这一目标,大搞招商引资拉项目,推高了投资比重。高投资和高增长之间变成了互为因果的关系,高投资带来了高增长。尤其是在居民消费倾向下降、居民消费不足导致投资效率下降的情势下,为了实现一定的增长规模,我国必须更大力度地追加投资。

(3)居民消费倾向下降加剧了增长对出口的依赖

居民消费倾向下降也同时加重了经济增长对出口的依赖。伴随着工业化和城乡化的推进,高投资成为我国经济增长的重要特点。然而,居民投资始终只是中间需求。长期依靠高投资推动高增长必须依赖于最终需求,消费和出口共同构成了最终需求。居民消费需求是最终需求最重要的部分,居民消费需求萎缩就需要其他最终需求的弥补。否则,投资效益就难以实现。这导致市场供求不平衡,甚至出现通货紧缩,而净出口及时地充当了这一角色。

## (二)提高居民消费倾向有助于转变"体外循环"增长模式

### ▶▶ 1.过分依赖投资的增长模式难以持续

在需求约束型经济形态之下,居民过度依赖投资的增长难以持续。在改革开放之初,由于生产力水平低下,生产发展难以满足人民群众日益增长的物质文化需要。经济发展的主要任务在于增加供给,它表现为受供给面约束的经济形态。随着生产日益发展,劳动生产率逐渐提高,生产满足群众消费需求的能力也随之增强。在市场上,商品和服务的数量增多、品种逐渐丰富,其结构更加合理,供不应求的矛盾逐渐得到缓解。和之前的供给约束型经济相比,需求约束型经济有以下三个特点:一是在"速度攀比"机制的作用下,源约束型经济存在着扩张冲动,并且增长具有启动快、时间短、仅依靠固定资产投资、单向性(只控制过热)等特点,而需求约束型经济启动增长更加困难。因为预算约束硬化和投资风险增大,并且投资主体多元化和非政府化,其投资规模更难以控制。二是因为经济增长不单靠投资,还依靠消费和外需。消费要取决于居民可支配收入和边际消费倾向、收入差距,而决定外需的因素更复杂和难以控制。在供给约束型经济形态之下,居民消费需求的减少和居民消费倾向下降可以通过适当增加投资支出来弥补,即它不仅增加了当期总需求,也扩大了未来总供给,而不必担心出现总需求不足。三是在需求约束型经济形态之下,居民消费需求的减少和居民消费倾向下降。如果通过增加投资支出来进行弥补,只是暂时弥补了当前供需缺口,而扩大了未来时期的供需缺口。它具体体现在以下两个方面:一方面是缺乏需求支撑的投资所拉动的经济增长难以持续;另一方面是进一步恶化了供需之间的矛盾。为实现经济的进一步持续增长,未来就需要进一步加大投资力度,其供需矛盾再度恶化,从而形成一种恶性循环直至经济崩溃。因此,经济从供给约束向需求约束型经济形态的转变使得居民消费倾向持续下降的负面影响凸显。投资和消费的关系,在长期更多表现为统一性,在短期更多表现为矛盾性。它具体体现在以下三个方面:一是和投资需求相比,消费需求更加稳定,波动幅度更小,它更加有利于保持经济增长的稳定性;二是消费需求是社会经济循环的终点,又是经济再循环的先导,它可以给生产提供"观念上"的对象,只有通过消费社会产品的价值才能最终得以实现;三是消费需求事关老百姓生活福利和分享经济发展成果,也是经济增长和社会发展的最终目的。当然,这也并不意味着投资需求毫无可取之处。和消费需求比较起来,投资需求更容易拉动和见效快的特点,并且会在未来形成更多收入,同时带来更多的消费和投资。因此,正确的选择是在短期内,我们可以更多地依靠投资需求来填补外需疲软造成的缺口;在长期内,我们还要更多地依靠消费需求拉动。尤其是,在我国经济进入买方市场和需求约束型经济形态之后,居民消费倾向下降不利于投资效益实现和经济长期持续增长。

在进入工业化后期以后,我国过度依赖投资的增长难以持续。著名经济学家钱纳里研究发现,消费投资结构在工业化的不同时期表现不同,其消费率伴随着工业化进程表现出先下降后回升的倒马鞍形。在改革开放以来,我国面临快速工业化实现经济赶超的经济发展任务。为了实现这一目标,我国甚至采取了牺牲农业的做法来实现工业的快速发展。在这个过程中,我们适度提高投资规模是必要的,也是正常的。然而,当前我国正处在工业化中后期的发展阶段。这对于我国经济结构来说是个调整的关键时期,继续长期维持高投资是不合理的,也是不正常的。

在过度依赖投资的增长模式下,财政政策效果变差。和消费需求相比,投资需求是引致需求,中间需求、消费需求是最终需求。投资需求必须有消费需求的支撑,否则就如无源之水、无根之树,难以持久。我们要想阻止经济下滑、实现经济快速企稳,就只能依靠投资和消费的组合。如果消费需求不及时跟进,经济中就会形成大量无销路的过剩产能,从而导致投资低效益、投资成本难以收回。

过度依赖投资加剧了经济增长的不稳定性,过度依赖投资的增长具有不稳定性。它具体体现在以下两个方面:一方面是投资需求本身具有周期性和波动性,这导致整个经济表现出波动的特点,其稳定性较差。改革开放以来,我国经济长期依赖投资拉动。但是,我国始终未摆脱"过热—调整—再过热—再调整"的经济波动。经济大起大落,经济稳定性较差。尤其是,改革开放后,我国多次出现投资膨胀,其投资膨胀经常引发物价上涨引发经济过热。为了给经济降温、给物价上涨降速,我国进行了一轮轮政策调整。在调整之后,投资拉动型增长格局并未扭转,经济再次进入投资膨胀阶段。周而复始,经济处于大起大落之中,其经济波动剧烈;另一方面是消费倾向决定投资乘数,它是决定从投资增长到经济增长的传导过程。高投资低消费的经济增长模式,在短期内可行,长期内不可行;在特定的历史阶段可行,在当前形势下不可行;从经济长期发展的角度来看,这种经济发展模式如果不通过外力扭转,它最终必然会使国民经济陷入一个恶性循环。高投资和低消费使得投资缺乏消费的支撑,生产失去了消费的引导。区域生产产品缺乏市场销路,其投资成本面临难以收回的风险,从而使投资收益下滑。

#### ▶▶ 2. 过分依赖出口的增长模式难以持续

(1)外贸依存度较大的经济大国难以依靠出口拉动增长

随着我国对外开放程度日益扩大,我国对外贸易有了快速发展,对外贸易依存度也逐渐扩大。外贸依存度不断扩大的同时,我国经济总量也在不断持续增长。这使得居民消费倾向下降的负面作用凸显。像新加坡、荷兰、比利时、中国香港等经济规模较小的国家或地区出口依存度较高,他们可以主要靠出口拉动增长。像美国这样规模较大的国家就难以依靠出口拉动其经济增长,他必须依靠内需。中国经济总量现仅次于美国,居世界第二。人口规模庞大,其消费需求和市场规模都有很大挖掘潜力,扩大内需尤其是扩大消费需求是中国作为开放型经济大国追求长期稳定发展的必然选择。对于如此大规模的经济总量和如此高的外贸依存度而言,居民消费倾向进一步下降将是十分危险的。

(2)出口竞争优势逐渐丧失导致过度依赖出口的增长难以持续

在外贸依存度不断扩大的同时,我国出口竞争优势也在逐渐减弱,这更加剧了居民消费倾向下降的负面影响。洪银兴曾指出:我国实施出口导向战略的优势(低劳动成本、低土地成本、软环境约束)正逐渐丧失,并且国际贸易摩擦加剧,其出口换回外汇贬值。我国要把增长发动机由外转内,而未来新的经济增长点就是发展消费经济。从我国资源环境约束加剧、低价竞争策略难以为继、国际贸易摩擦加剧、人力资本成本提高、劳动力竞争优势逐渐丧失等多个因素综合考虑来看,如果居民消费倾向进一步持续下降,其出口对于经济的拉动作用和出口对大量投资形成的过剩产能的消化,我国会面临极大压力。

(3)过度依赖出口驱使经济步入或"憋死"或"胀死"的死胡同

由于净出口规模迅速增长,这导致我国外汇储备快速积累起来。作为外汇占款投放的基础货币同时也快速增长,它给国内通货膨胀带来巨大压力。我国所形成的规模庞大的外汇储备约一半是以美元形式持有,而美元在美国实施的两轮宽松量化货币政策之下呈现走软趋势,这将导致我国近一半储备规模缩水。这种通货膨胀压力和储备的保值增值压力被形象地称为"胀死"。

(4)过度依赖出口加剧了增长的不稳定性

对出口的过度依赖也加剧了经济不稳定性。我国外贸依存度不断攀升,其净出口占国民生产总值比重上升。这不仅意味着我国经济和世界其他国家的经济联系更加密切,也意味着国内产值有更大部分需要通过国外市场来消化。世界经济波动更容易向国内经济传导,我国经济受到外部经济环境的冲击和影响更大。也就是说,我国国民收入水平不仅受到国内经济周期波动的影响,也越来越难以摆脱国际经济周期的影响。两种周期因素的共同作用之下,这将导致经济不稳定的因素就更加复杂和难以控制了。

(5)外部需求持续低迷导致过度依赖出口的增长难以持续

现实残酷的外部经济环境倒逼我国进行经济结构调整,尤其是需求结构调整。扩大消费需求,尤其是扩大居民消费需求是大势所趋。如果居民消费倾向持续下降,就说明居民缺乏消费意愿与动力。我国扩大居民消费就如同纸上谈兵。

### （三）个体理性可以导致集体非理性

▶▶ 1. 个体理性与集体非理性的含义

（1）个体理性和集体理性的含义

传统经济学强调经济人的"理性"，即在信息完全条件下，市场参与者做出具有内在一致性的自利和最大化选择。通过市场参与者的"理性"最优行为实现市场的动态一般均衡，并且市场均衡是常态，非均衡是短期且会迅速恢复。西蒙对这一定义进行了批判，他强调任何时候都能够准确计算自己收益和成本的完全理性的经济人是不存在的。鉴于市场参与者的知识和能力的有限性，"理性"是在有限的认知能力约束下所能达到的最大化，即"有限理性"。卡尼曼强调完全理性是不可能的，人类有很多认知偏差如人类的自负即往往趋于高估自己的能力等。因而，人们容易走向个人非理性行为"理性"也是博弈论的假设前提，即决策者能够"前后一致地"做出选择。在一个很好定义的偏好和给定的约束条件下最大化自己的利益。梁伟把这一过程分为两个阶段，前者是"认知理性"，即参与者对一个相关环境形成信念的能力；后者是"仪器理性"，即决策者从既定的信念中推导出他们策略的能力。集体是与个体相对应的概念，集体理性是一个以群体利益为出发点的追求效用的行为。它追求的目标是高效率内部稳定和成员间的公平。沈晓梅等将理性定义为"人的判断、推理等思维能力及对于自身实践活动的反思能力。为了生存和发展，人会谋划并优化自己的行为并使手段和目的相协调"；而集体理性"只有比喻上的意义，它或者是指所有个人选择的总体结果或者是指一些社会成员代表社会其他成员所进行的理性选择"。基于上述对个体理性的定义，个体理性定义为在现有可获得的一切信息和知识条件之下，个体自由做出的具有内在一致性的广义效用最大化行为。所谓广义效用最大化是指基于狭义效用、安全、自由目标的，它可以将经济和非经济因素同时考虑在内的利益最大化行为。选择自由是个体理性的前提。集体理性是基于个体理性的，它由个体构成的群体利益实现高效率、稳定和公平的结果。

（2）个体理性导致集体非理性的含义

我们基于上述对个体理性和集体理性的定义，个体理性导致集体非理性可以理解为集体中的个体基于可以获得到一切信息和知识，自由地做出了具有内在一致性的广义效用最大化选择。然而，由个体构成的集体利益并非实现高效率、稳定和公平的结果。个体理性导致集体非理性的情况出现在社会生活中的许多领域。在经济学领域,市场失灵就是极好的例证。个人基于利益最大化做出的选择却没有带来相应的社会利益最大化。在博弈论领域,因徒困境也是极好例证。在市场经济下的众多博弈中,竞争个体以自身收益最大化目标来安排博弈策略本是一种理性选择。但在众多参与人的博弈中,基于这种个体理性的策略选择并不一定总能带来预期的收益。有时候,它反而会因此损害自身和集体利益,即个体理性博弈并不一定形成帕累托改进或最优的结果。这种现象在经济学上称作"囚徒困境"。个体理性导致集体非理性的原因有多种说法。我们可以将它归因于人性弱点或归因于人类认知能力的有限性或归因于价值理性认同的缺失,其最根本的原因还在于个体利益的冲突。集体利益和集体理性不过是个体利益对立与冲突的建制化、组织化的表达,个体利益的冲突来源于资源的稀缺及对稀缺资源的竞争。参与各方追求个体利益最大化的理性选择导致了集体的非理性结局,即个体利己行为导致所有人都不利己。公共政策或者制度性规则的制定者须意识到这种矛盾与冲突,他们应当采取合适的措施促进人们走出囚徒困境。

### ▶▶ 2.个体理性的意义

(1)消费决策的自由是理性选择的前提

消费者个体理性选择的前提是选择自由。在计划经济体制之下,消费是不自由的。居民工资处于被冻结无增长的状态下,这还不足以限制消费决策。消费者凭票购买的票证政策彻底限制了消费选择的自由。在这样的限制之下,消费决策并非个体自由做出的选择。因此,个体就无法对决策的结果负责,也无法实现广义效用最大化,更谈不上理性选择。在市场经济体制之下,消费品种类更加丰富,消费者购买途径更加多样。出现这种情形最重要的原因是取消了限制消费选择自由的票证政策,消费决策更加自由。在自由选择的前提之下,消费者才可以给予可获得的信息和知识做出广义效用最大化的理性选择。

(2)居民消费倾向下降是个体理性选择

从微观层面来说,在一定的宏观经济环境下,消费者做出理性消费决策。在经济分析中,我们经常采用"代表性消费者"更是忽略了消费的异质性。我们可以把微观消费者看做是一个决策的黑匣子,其消费行为的变化是宏观经济环境变化的结果,也是宏观经济环境变化的反映。在特定的经济环境之下,消费者做出的消费决策,即选择将收入中多大的比例用于消费,其余用于储蓄,这是消费者个体做出的广义效用最大化的理性选择。从消费者个体来说,消费者减少收入中用于消费的比重是特定经济环境之下的理性选择。我国城乡居民消费倾向下降既是个体消费者的消费行为和消费心理在计划经济体制向市场经济体制转变过程中进行的适应和调整,也是在现实经济生活中应对家庭收入增加、负担减轻和保障缺失的理性选择。从个体角度来说,消费者可以减少收入中用于消费的比重,这是自主选择的结果。在既定居民收入规模下,它决定了的居民消费和居民储蓄。居民或出于积累资产的动机或出于提升社会地位和声望的动机或仅仅是处于预防和安全性动机,它增加了储蓄比例。它的最终目的都是为了实现广义效用最大化,即对当前境况的优化。

### ▶▶▶ 3. 集体非理性的意义

居民消费倾向下降可能导致被动的收入调整。当边际消费倾向持续低于平均消费倾向时,它就会导致平均消费倾向下降,居民收入中越来越大的部分被储蓄起来。这或许是居民主动选择的结果,但平均消费倾向不可能长久持续下降。当下降到一定程度时,它必然存在一定的调整机制抑制这一下降过程。这一机制正是通过收入的被动调整实现的。

从居民的角度来看,我们可以将收入中多大的比例用于储蓄似乎是一个自主选择的结果,也是可以由居民自身决定的。然而,居民所能决定的仅仅是这个比例,而最终的储蓄规模却不是居民所能决定的。它是由企业家决定的。企业家决定进行投资的数量,正是最终决定居民储蓄规模的标准。在一定的投资规模之下,居民的储蓄意愿越强烈,其储蓄倾向越高,这就意味着收入越少。伴随着储蓄意愿增强,收入的减少是一个被动调整的过程。在一个资本存量既定的社会中,投资机会和投资规模是相对稳定的。如果出现一些因素导致居民储蓄意愿增强,居民消费欲望降低。这就会有向下调整居民消费倾向的意愿,进而导致收入增速下降。

消费者能够决定储蓄比例,而不能决定储蓄规模。从消费者个体来说,他们能够做出选择的仅仅是将收入的多大比例用于储蓄,而并不能够直接决定储蓄。因为对于消费者来说,收入是个外生变量,它是消费者无法决定和控制的变量。相反,根据国民经济均衡条件,储蓄等于投资,最终储蓄规模是由投资规模决定。储蓄规模的最终决定者是生产者而非消费者。由于储蓄规模受投资规模制约,而投资规模是由生产者尤其是企业家做出的生产投资决策决定的。在市场经济条件下,价格机制能够自动调节使得投资等于储蓄。

当每个人都试图多储蓄一部分收入时,一部分人所减少的消费就构成另一部分人减少的消费,以此类推。从个体决策的角度来看,居民增强储蓄意愿和降低消费欲望似乎可以是个体理性的决策。但从整体而言,它却可能导致自身收入增速下降。这样的结果却也是居民最初没有预料到的,也是居民自身难以察觉到的。也就是说,个人降低收入中用于消费比重的理性选择,它最终却导致了居民收入减少或收入增速减缓的集体非理性结果。

#### ▶▶▶ 4. 从个体理性到集体非理性——两种传导通道的"漏出"

储蓄被古典和新古典学者视为当前消费需要和未来消费需要之间的纽带,当前消费需要的减少,同时意味着储蓄增加。储蓄转化为投资,从而形成未来供给,它伴随着形成未来更多消费需要。可见,当前消费的减少不仅形成未来更多的消费对象,也自然而然形成未来的消费欲望。储蓄是现实消费的缺口和未来消费的起点,它是将消费后的剩余收入集中起来。因此,它不会减少正常消费比例。即使是减少正常消费比例,也只不过是转变了消费主体,它可以将剩余收入转变为社会消费基金,不仅不抑制消费,反而促进消费,从而形成对消费的引导。

由此可见,在当前时点和未来时点之间,储蓄是纽带,分别沿着供给和需求两个方向形成了两个传导的通道:一条是"当前消费减少—储蓄增多—当前投资增多—未来消费对象增多";另一个是"当前消费减少—储蓄增多—未来消费欲望增多"。基于对这两个传导通道的信心,我们对储蓄过多和消费不足的担忧是不必要的。然而事实上,上述两个传导通道都可能会存在障碍和漏出。

(1)从储蓄到投资的"漏出"

储蓄并不必然全部转化为投资。在新古典经济学框架下,价格机制能够实现经济的自由调节,它存在均衡利率实现储蓄和投资的一致。然而,在数量调整机制下,储蓄并不必然转化为投资,它存在从储蓄到投资的"漏出",进而储蓄和投资最终在低于均衡水平之下实现了相等。居民消费倾向下降导致居民储蓄意愿增强,然而它可以决定均衡储蓄规模的投资是由企业家做出的投资决策决定的。企业家做出投资决策的根据是投资的预期收益,而市场消费需要直接影响投资预期收益。如果市场消费需求不强,企业投资的产出缺乏市场销路,其投资成本面临难以全部收回的风险。企业家就不愿意增加投资。因此,居民增加的储蓄就难以全部转化成为投资。

（2）从储蓄到未来消费的"漏出"

当前，消费减少和储蓄增多并不必然导致未来消费需求增多。它具体体现在以下两个方面：一方面是消费行为会产生惯性。过去的消费行为，尤其是消费习惯对未来的消费行为会产生明显的影响。凯恩斯就曾经表示对"代表一种永久性的生活习惯的消费倾向的减少必然会减少对资本品的需求及对消费品的需求"的担忧；另一方面是当前消费的减少和储蓄的增加并不意味着未来消费需求的增加。跨期选择理论强调消费者对于不同时点的消费需要的主动选择和安排，消费者根据自己所掌握的全部资源对一生或一段时期内的消费需求进行跨期配置。然而，现实的情况是，当前储蓄的增加并不必然对应着未来消费需要的增加。

（3）消费者增加储蓄的动机并不必然是增加未来消费

当前储蓄的增加是否必然对应着未来消费需要的增加，在一定程度上取决于储蓄动机。并不是每一种储蓄动机都带着一个未来的消费愿望。根据袁卫的分类，消费性储蓄动机必然对应着未来某一种消费欲望。例如为购买汽车进行的储蓄属于消费性储蓄，在未来可以预见的时间内，人们可以合理预测存在一个汽车购买需要和欲望与之相应。投资性动机则和投资需求相呼应。预防性动机和消极性动机则并不必然都对应着未来的消费欲望。以消费性储蓄动机为例，消费性储蓄要经历积蓄待购阶段。它具有一定时间弹性，并带有延期消费的性质。它需要先储蓄后支用，这会引起储蓄占收入比重暂时性上升。然而，在完成积蓄之后会有大规模支出与之相应，其消费倾向会先暂时下降随后上升。基于此，居民消费倾向下降是否必然对经济系统运行造成困扰和居民储蓄动机有一定的关系。带有预防性质的储蓄并不全额对应着未来的消费需要。预防性储蓄规模越大，"当前消费减少—储蓄增多—未来消费欲望增多"。这一传导通道的"漏出"越多，其经济运行造成的困扰也越大。在短期内，遗赠性储蓄也不带来未来消费需求。在相对短的时期内，它也形成了从"当前储蓄—未来消费"的"漏出"。

无论是上述两种传导通道中哪一种出现了"漏出"，这都意味着经济将难以实现充分就业的均衡。不仅经济产出水平将低于潜在产出水平，其国民收入也将低于潜在国民收入，从而居民消费倾向下降这一"个体理性"将最终导致收入被动调整的"集体非理性"。

## 二、政策指导

### （一）建立健全消费金融市场并降低信贷约束影响

在信用体系建设滞后、消费交易成本偏高等多重客观因素的制约下，我国消费金融市场的发展相对滞后于我国经济的快速发展。虽然近年来国家出台的各类政策支持了消费金融的发展，但效果并不明显，以至于至今仍无法为居民消费提供有效的信贷资金支持。这使得我国居民特别是农村居民面临普遍的信贷约束。地位性商品作为人们身份地位的象征，它具有阶段性、大额、刚性等特点，并且在人们总消费支出中所占的比重将越来越大。在整个消费金融市场发展滞后的情况下，这些地位性支出仅能依靠居民自身不断积累的储蓄来实现。这在一定程度上抑制了居民消费的增加。因此，不断完善我国个人金融市场建设对于降低居民的信贷约束、拓展居民消费空间具有十分重要的作用。具体来说，这是要加快推动我国征信体系建设，为整个消费金融市场创造一个有利的、健康的外部环境。它具体体现在以下三个方面：一是要明确征信体系在国家金融基础设施中的重要地位，其加大征信制度及标准的完善及相关系统的建设；二是大力扶持"芝麻信用""腾讯征信"等民营征信机构发展，充分发挥其整体金融生态平台、大数据及贴近消费者的优势，并将上述民营征信机构作为央行征信系统的良好补充为居民消费信贷提供有效的征信支持；三是不断提高征信信息在信贷风险防范中的作用，扩大征信信息的应用范围，同时要加强征信机构间的国内及国际交流与合作。除此之外，我国正在积极建立健全的政府、金融机构与商业机构共同参与的个人消费金融市场。在消费金融市场的建立上，我们要打破完全交给市场的做法，形成政府、金融机构与商业机构通力合作的模式，从而充分发挥政府的政策引导作用克服市场机制固有缺陷。

### （二）建立健全社会保障体系降低不确定性影响

随着一系列改革的持续推进，如医疗制度、住房制度、教育制度等原有的传统福利体制被打破。在现有社会保障制度尚待完善的情况下，居民面临着不确定性。这种不确定性不仅来自于收入层面，还来自于支出层面。经济转型期的种种不确定性造成了居民"瞻前顾后"的谨慎心理，从而导致居民现期消费的减少、储蓄的增加。

我们知道,社会保障在维护社会安全方面起着稳定器的重要作用,它对于民众的日常生活起到了托底的作用。因此,进一步完善社会保障体系、降低经济转型期各种不确定因素对居民的影响并逐步缓解居民谨慎的消费心理,这对于促进居民消费、降低储蓄起着至关重要的作用。政府正在从扩大社会保障覆盖面及提高社会保障水平两方面加大对社会保障的投入力度,降低居民的预防性储蓄动机,从而促使居民将远期消费需求转化为近期消费需求。它具体体现在以下两个方面:一方面是要持续加大政府财政支出力度,扩大社会保障覆盖面,逐步实现全民全面保障;另一方面是要多渠道筹措资金实现社会保障资金来源的多元化、稳步提升社会保障水平、切实改变当前社会保障水平偏低的现状,从而让社会保障真正能够起到打消居民消费顾虑的稳定器作用。特别是要结合我国农业人口占比高,其享受的社会保障支出比例低的国情,大幅提高农村居民的社会保障水平。这可以使农村居民不再有后顾之忧,有利于切实提高占中国人口绝大多数的农村居民的消费水平。

### (三)深化收入分配改革及缩小收入分配差距

当前,收入分配差距过大的情况已经成为影响我国经济社会稳定发展的一大阻碍。经济快速增长带来人们生活水平大幅提升的同时,也造成了整个社会收入分配差距显著拉大。经济的快速增长使整个社会的平均生活水平快速上升,而收入分配差距的拉大又使得这一平均水平进一步向上偏移。对于中低收入人群来说,他们的收入差距越大,人们地位寻求的动机就越强烈,他们为追赶社会平均生活水平而进行攀比的储蓄压力也越来越大,进而对消费产生的抑制作用也就越大,中低收入人群受到地位性支出的挤出效应更大,这表明地位攀比对中低收入人群产生了更大的经济压力。因此,国家推进收入分配改革,缩小收入分配差距有助于降低居民为追赶社会平均水平进行的地位攀比强度,进而有助于降低居民为实现地位攀比而进行储蓄的动机,从而促进消费增加。我们应该将"提低、扩中、控高"作为当前中国推进收入分配改革的基本思路。改革应逐步改变现有的收入分配格局,消除初次分配领域不公平,加强规范灰色收入并严格打击违法收入,逐步扩大中等收入人群在消费主力军中的比例,从而让中国最终形成"橄榄形"的收入分配格局。

### （四）建立健全房地产调控长效机制并降低住房支出预期

近年来，随着中国房价飙涨，购房支出已经成为居民生活的沉重负担。一套住房的支出将耗尽普通家庭一代甚至三代人的积蓄，它给居民消费带来的更多是挤出效应而非财富效应。平均住房面积作为地位性支出的代理变量给居民一般性消费带来的更多的是"挤出效应"。由于社会平均水平越高，人们追求社会地位的动机就越强，人们的预期住房支出也就越高。所以，人们对于消费者的一般消费支出的挤出效应也就越大。因此，地位寻求与习惯形成都是导致近年来中国消费持续低迷、内需不足的重要原因。近年来，国家虽然多次提出居民"收入倍增"计划，但是高房价下消费者预期房价还会不断地上涨。加之，国家对社会地位的关注会促使消费者将资源从非地位性商品更多的转向用于住房这类典型的地位性商品。这些都会迫使老百姓存款买房而不是消费，其收入倍增计划及扩大内需永远只是一个美好的愿景。

因此，我国只有尽快建立完善让市场发挥资源配置基础作用的长效调控机制。我国正在积极将调控模式由过去十年行政化为主转向以市场为主导，促进房价合理回归。国家减少住房这类地位性商品对居民非地位性商品资源的占用才能促进居民增加消费，降低储蓄率。它具体体现在以下四个方面：一是要多途径保证住房市场供应，丰富住房供给来源，加大对住宅土地和商品房的供应并严厉打击囤地现象。国家切实有效增加住房供给，严格控制房价过快上涨，降低房价上涨对居民消费的冲击。二是加大对中低收入人群的住房保障，确保民众的基本住房需求得到满足。国家正在增加中小户型普通住宅房源供应，并利用税收手段引导居民购买中小户型住房降低住房获取成本，让居民理性购房以便能够将更多的资源用于其他方面的消费。三是采取金融、税收等多种手段严厉打击房地产投机行为，增加拥有多套住房人群的住房持有成本，降低由于富裕人群持有多套住房及房价上涨给中低收入人群获取住房带来的难度，切实解决当前居民住房财富分布严重不均问题。四是加快推进财税体制改革，建立健全地方税收体系。国家通过加快推进资源税、环境税、房产税等改革进程来增加地方政府税收来源，并对已有税种进行改革与完善并适时开征新税种弥补当前地方税种的缺位以便形成符合地方特色的税收体系，从而逐步降低地方政府对卖地收入的过度依赖。这可以有力推动房价合理回归。此外，我们还应拓宽中国居民投资渠道降低居民对于房产投资的依赖，从而推动居民资金向更广阔的领域流动以便促进房价的稳定。

# 第三章 汽车消费信贷发展研究

## 第一节 消费信贷对消费需求的拉动效应理论分析

### 一、消费信贷拉动消费需求的理论基础知识

要实现经济的健康稳定发展,国家需借助消费的推动作用来实现。消费信贷是拉动消费需求的重要工具,我们对两者之间的关系进行研究意义重大。如今,新消费已经成为带动经济增长的新动力。其中,表现比较突出的服务消费在经济市场中大放异彩。服务消费作为一种高端消费,它面向的消费者主要是近几年已经逐渐成为消费主力的中高等收入群体。消费信贷是一种新的消费金融,它可以通过向消费者有偿提供一定的资金,从而可以帮助消费者实现提前消费。因此,分析消费信贷是否有利于消费者提升服务消费额,从而全面挖掘消费者的消费潜力,并发挥以服务消费为代表的新兴消费对经济的促进作用。它对带动经济发展和转型具有重要意义。

### (一)相关概念的区分

>> 1. 消费信贷的概述

在其长期的发展进程中,消费信贷被赋予了众多定义。在学术界并没有一个统一的定义。美国作为消费信贷发展较早且发展水平较发达的国家,其权威机构美国联邦储备委员会对消费信贷的定义为:通过正常的商业渠道发放给消费者的中、短期贷款,它被用以购买商品或支付劳务费用及由此而产生的债务。美国的消费信贷有广义和狭义之分,狭义的消费信贷包括:汽车贷款、耐用品消费贷款、无抵押个人贷款、学生助学贷款、个人信贷额度、房屋修缮贷款、个人资金周转贷款等。在此基础上,个人住房抵押贷款即广义的消费信贷。在美国,消费信贷一般通指狭义的消费信贷。

在我国,不同的学者对于消费信贷也提出了不同的定义。马洪、孙尚清将消

费信贷定义为：为了拉动消费需求、提高生活水平，由金融机构向有购买意愿且具备偿还能力的消费者提供的用于购买耐用消费品或支付其他费用的贷款。陈燕武认为，消费信贷是一种特殊的信贷行为及全新消费方式。由金融机构提供，它面向具有固定收入的广大消费者并以特定消费品为对象，其目的是拉动消费、提高商品销售额。刘澄认为，消费信贷是由银行等金融机构向消费者个人提供的用于购买汽车、房屋、家居用品等耐用消费品的贷款。然而，《中国消费信贷报告》中，中国人民银行对于消费信贷的定义被认为是最具有权威性的表述，即消费信贷是指为了满足消费者的特定消费需求，它由金融机构向其提供的资金。

从以上的论述中可以看出，对于消费信贷概念的理解应该注意以下三点：一是消费信贷的供给者是银行等金融机构；二是消费信贷的需求者是消费者个人或者家庭，而不是政府或者企业；三是消费信贷的对象是特定的商品或者劳务。从以上分析中不难看出，我国消费信贷的内涵与美国相比有一定的不同。从定义及我国的统计方式中均可以看出，我国将个人住房贷款归入了消费信贷之中。

因此，我们将个人住房贷款纳入消费信贷的研究范围将消费信贷定义为：由银行等金融机构向消费者个人提供资金用以满足消费者对于特定商品或劳务的需求的信贷方式。在目前，我国消费信贷包括、住房贷款、助学贷款、汽车贷款、医疗贷款和旅游贷款等。

### ▶▶ 2.消费需求的概述

近年来，消费、投资和净出口是拉动经济增长的三驾马车，而在这三驾马车中，消费被提到了首要位置。从理论上分析，作为投资和净出口的需求其实归根到底都可以说是另外一种形式的消费需求。投资需求是由消费需求决定的引致需求，而净出口需求则是不同于国内消费需求的一种来自国外的消费需求。而从实际进行分析，消费需求在国民经济中所占的份额最大，它对国民经济增长的贡献率最高。然而，什么是消费需求呢？一般认为，消费需求是指消费者对以商品和劳务形式存在的消费品所具有购买能力的欲望。按消费需求所满足的对象不同，我们可以将其分为个人消费需求和社会集团消费需求。社会集团消费需求是指为实现社会的集体消费基金而统筹安排用来满足公共消费需要的部分。个人消费需求是指居民个人日常生活中对各种个人消费品和生活服务的需求。我们可以将消费需求界定为人们为了满足物质和文化生活的需要而表现出的对物质产品和服务的具有货币支付能力的欲望。

### ▶▶ 3.流动性约束的概述

流动性约束又称"信贷约束",它是指居民为了满足消费需求而向金融机构、非金融机构及个人处借款时所受到的限制。流动性约束理论认为,持久收入——生命周期假说关于个人能够在同样的利率水平上借款和储蓄的假定与现实不符。居民的借款利率一般高于储蓄利率,在现实经济活动中,它存在流动性约束。因此,对于大多数消费者来说,在现实生活中,在向金融机构进行借款时,他们是无法获得预期的数额。一般研究认为,流动性约束的存在使得消费者在当期无法获得预期的借款额。因此,这会减少消费者在当期的消费。然而,即便在当期流动性约束没有发挥作用,但是消费者也会因为其在未来可能发挥的作用而减少当期的消费。

## (二)消费信贷和消费需求的相关理论基础

消费信贷是随着消费的发展而产生的,消费信贷的理论基础就是消费与收入关系理论。从消费信贷对经济的影响机制来看,在早期的研究中,国外学者发现,在实际生活中,流动性约束使消费者无法以较低成本实现收入的自由跨期转移。研究学者认为,消费信贷之所以会对消费行为产生影响,它主要原因在于消费信贷缓解了消费者面临的流动性约束,并刺激了消费者的需求。在宏观层面,国外文献总体上证实了消费信贷对于消费的促进作用。下面我们对以下五个经典的消费函数理论及它们的新发展进行分析。这些理论是消费者选择信贷消费的基础,同时也是我们分析消费信贷对消费需求影响的理论基础。

### ▶▶ 1.绝对收入理论知识

凯恩斯作为现代消费理论的奠基人,他从宏观经济的角度把消费的地位提到了前所未有的高度。他提出了绝对收入假说和消费倾向的概念,并提出资本主义经济危机的根源在于有效需求不足。他主张国家采用扩张性的经济政策,并通过增加需求促进经济增长。

凯恩斯认为,稳定的函数关系存在于消费者收入与消费支出之间。同时,消费者的消费支出是伴随着其收入的增加而增加的。但是随着时间的推移,消费者每增加一个单位的收入所引起的消费支出的增加额是递减的。这就是著名的边际消费倾向递减规律。

我们对凯恩斯的消费函数进行分析,可以看出,在短期内,当消费者收入为零的时候,其消费仍然存在为一常数。因此,这一脱离了当期收入的消费只能通过利用原有的储蓄或者通过借贷来实现。更进一步地说,如果我们假设储蓄已经被耗尽,那么这一当前消费只能通过借贷来实现。因此,我们可以说当此类型的消费者达到了一定的数量后,它对于消费信贷市场需求也就有了其必然性。

#### ▶▶ 2.相对收入假说的概述

杜森贝利对凯恩斯主义的消费和储蓄理论进行了尖锐批评。他认为,绝对收入假说错误的根源在于它所依据的两个基本假定,即关于每个人的消费独立于其他人的消费及关于消费者的行为在时间上的可逆性。

杜森贝利将消费行为的短期分析和长期分析结合起来,并提出了相对收入假说。该假说认为消费中存在着示范效应与棘轮效应,其示范效应是指:单个消费者的消费水平不再只由其个人的绝对收入来决定,而是由与他人收入进行比较后得到的相对收入水平来决定的。因此,消费者不再是独立的个体,而是相互联系的。棘轮效应是指:单个消费者的消费水平不再仅由当期的其个人的绝对收入来决定,也会受到其过去、特别是过去最高收入及消费水平的影响。假如消费者的当期收入无法满足其最高收入水平时的消费,他会通过减少当期储蓄额来满足其消费需求。因此,消费者的消费行为是不可逆的。当经济发展停滞不前甚至出现衰退时,人们的收入水平会随之下降。当收入水平下降到即使不进行储蓄也无法满足其最高水平的消费时,则消费者需要借助于消费信贷。

#### ▶▶ 3.持久收入假说与生命周期假定

在绝对收入理论及相对收入理论中,人们对于"消费"和"收入"的界定都是指当期的。而持久收入假说和生命周期假定中有一个共同点就是,这两种理论都认为,消费者的当期绝对收入与当期相对收入都无法决定其当期消费水平。它们有一个共同的出发点,即在总财富的限制下,消费者追求跨期效用的最大化。

弗里德曼将消费者的收入分为持久收入:表示可以进行预测的未来收入和暂时收入:表示当期收入。持久收入假说认为,消费者的消费支出是由其持久收入决定的,它与其暂时收入无法对消费支出产生显著影响。根据持久收入假说,消费者只有通过将其一生可预计的全部收入在各期均匀地进行消费,才能得到最大化的效用水平。

正如莫迪利安尼指出的:"在实际生活中,消费者总是试图将其一生的全部收入最优的分配到各期,以期在消费中得到最大程度的满足。"生命周期理论将消费者收入和消费的关系研究置于消费者的整个生命周期,认为个人消费取决于多种因素,包括消费者的当期收入、未来预期收入、年龄的大小及初始资产等。

上述两个理论都表明消费信贷的产生有其必然性。若在当期的收入不足以满足当期消费需求的时候,消费者可以通过借贷来弥补短期内消费大于收入所形成的缺口。他可以平滑一生各个阶段的消费水平,从而达到一生消费中所获得的总效用的最大化。

### ▶▶▶ 4.随机游走假说概述

在一段时间内,生命周期和持久收入理论在西方的消费理论界一直占据着主导性地位。在如何对消费者的未来持久收入做出合理的预测这一问题上,霍尔根据卢卡斯的思想将理性预期方法应用于生命周期假说。他提出了随机游走假说。霍尔认为,如果财富或永久性收入的估计和今后的消费都以理性预期为基础,那么,消费者由消费或收入过去的变化反映出来的过时信息对现期的消费变化不应有任何的影响。根据随机游走假说,消费者是以实现效用的最大化为目标。消费者的下期消费只能根据本期消费进行预测,其消费轨迹呈现随时游走的趋势。

### ▶▶▶ 5.预防性储蓄理论知识

预防性储蓄是指为了防止由于未来不确定的收入可能导致消费水平下降,厌恶风险的消费者进行储蓄的行为。里兰德是第一个提出了预防性储蓄这一概念的人。他认为消费者进行储蓄的目的除了为在其一生中平均地分配财富,还有防止由于未来收入的不确定性而造成的消费水平的下降。因此,当一国的消费者对未来存在较大的不确定性时,他们储蓄率则会较高;他们会降低消费的倾向及缺少通过消费信贷进行消费的动力和勇气。因此,我们鼓励消费,大力发展消费信贷可以从减少消费者对未来的不确定性这一角度进行思考。

## 二、消费信贷对于消费需求的拉动效应理论分析

### (一)凭借乘数效应拉动当期消费需求

消费信贷可以通过借助投资乘数与货币创造乘数的共同作用,拉动消费需

求。投资乘数是指由投资支出的变化所导致的收入的变化收入与这种投资支出的变化之比。边际消费倾向能够显著的影响乘数的大小,两者呈现正相关关系,即边际消费倾向越大,则乘数就越大;反之亦然。国家发展消费信贷,它可以提高消费者当期的预期收入,减少消费者预防性储蓄,从而提高其边际消费倾向,则投资乘数也相应得到提高。若央行保持基础货币供应量不变,消费信贷的发展通过货币创造乘数的作用将会增加整个社会的货币供应量。若市场中对于货币的需求量不变,货币供应量的增加会使整个社会货币供给大于需求,从而使市场利率降低。由于投资是利率的减函数,其利率的下降会导致投资的增加,从而导致投资需求的增加。因此,国家借助于投资乘数的作用,投资需求的增加会带动消费者收入的提高,进而拉动国内的消费需求。

### (二)凭借改变消费者的预算线拉动当期消费需求

预算线又称消费可能性曲线,它表示在消费者收入与消费品价格不变的条件下,消费者所能购买到的两种商品组合的最大数量的线。它会对消费者的消费行为产生限制作用。国家发展消费信贷可以使消费者的预算线发生改变,从而拉动消费者的消费需求。

### (三)凭借抑制大额刚性支出对当期消费的约束拉动消费需求

大额刚性支出是指对居民的生活具有"必需品"性质的支出,同时这种支出的数额较大,且远远大于大多数居民当期的收入。随着经济的快速发展,产品和服务日益的多样化。同时,由于我国目前房产价格在不断攀升、"看病难、看病贵"的问题层出不穷、子女教育费用的不断增加,大部分的家庭无法依靠当期收入满足这部分的支出,消费力与购买力在时间上出现错位。因此,消费者为满足这部分的支出只能通过消减当期消费、增加预防性储蓄以规避在未来可能出现的大额刚性消费支出的冲击。然而,消费信贷的出现,它能够有效地调节消费者在远期与即期的购买力水平。它可以弥补消费者消费力与购买力水平不一致的缺陷,使消费者能够"花未来的钱,圆今天的梦"。通过消费信贷,消费者既可以减少当期的储蓄额,同时又可以增加当期的消费额,从而有效地拉动消费需求。更值得一提的是,在现实生活中,消费信贷往往是被用于实现对那些价格较高且仅仅通过当期的收入是无法支付的大额支出的消费,而对于其他能够用当期收入满足的一般性消费品不会产生显著影响。

### (四)凭借融通消费资金拉动当期消费需求

国内收入差距过大容易导致国内消费者的消费需求与其购买力之间出现空间上的错位,即高收入者的购买力在满足其消费需求后还有闲余资金,而低收入者的购买力还无法满足其消费需求。在国际上,我们常用基尼系数来测定一国国内居民收入差距的大小。基尼系数指用该国居民收入中进行不平均分配的部分收入除以该国全部居民总收入而得到的百分比。若基尼系数低于0.2,则表示社会过于公平而容易导致社会发展动力不足;若基尼系数高于0.4,则表示社会存在不安定的隐患。在国际社会上,基尼系数0.4普遍被视为一国收入分配不均的警戒线。因此,基尼系数应该控制在0.2~0.4之间。

在高收入者与低收入者之间,消费信贷的发展能够促使消费资金进行融通,重新分配市场中的购买力水平。它可以收集高收入者的闲余资金用来满足低收入者的购买需求,从而带动了整个社会的总需求的提升。

### (五)凭借转变居民的消费观念拉动消费需求

消费信贷和消费观念是相互影响,相互制约的。传统落后的消费观念会限制消费信贷的发展,先进超前的消费观念会促进消费信贷的发展。在潜移默化中,消费信贷的发展又影响着居民的消费观念。

我国是一个有着悠久历史的文明古国,传统的文化观念根植于国人的心中。我国的传统文化提倡节俭和量入为出的消费观念,我们认为借钱消费是"寅吃卯粮"的败家行为。在消费信贷的发展初期,这些传统的消费观念严重制约了消费信贷的发展,致使消费信贷在初期发展缓慢。随着全球经济一体化进程的加快及我国改革开放政策的稳步推进,消费信贷又在潜移默化中改变着我国居民传统的消费观念。目前,在我国大城市中的中高收入消费群体及中年、青年消费群体中,他们对消费信贷有着强烈的需求。越来越多的人开始接受并习惯于贷款买房、买车,越来越多的大学生利用助学贷款来完成学业。信用卡消费已经成为最为普遍的消费方式,越来越多的人感受到信贷消费方式所带来的便捷与收益。正是由于近年来消费信贷在我国的快速发展才促进了居民消费观念的改变。

相反,随着社会居民消费观念的转变,更多的人愿意接受并使用消费信贷。

在一定程度上,这也加快了我国消费信贷的发展。消费信贷的发展减弱了居民所面临的流动性约束。同时,伴随着我国社会保障体制的不断完善,越来越多的人都享受了失业保险、医疗保险、养老保险等社会保障措施所带来的福利。在很大程度上,这减少了人们对于未来收入不确定性而进行的预防性储蓄。这些现状都促使居民提高了当期的消费水平进而带动整个社会总体消费需求的上升。

# 第二节　商业银行汽车消费信贷需求

汽车消费信贷作为舶来品,在欧美发达国家,已经有了几十年的发展历史。至今,汽车消费信贷已成为西方发达国家较为成熟的个人信贷产品。在社会经济发展中,它发挥着越来越大的作用。可以说,在主要发达国家轿车进入普通家庭的进程中,汽车消费信贷起了决定性的作用。据统计,在国外,汽车制造商30%—70%的产品是通过汽车信贷方式销售的。汽车消费信贷购车已成为车辆销售的最主要方式,它对汽车工业发展起到了举足轻重的作用。在此过程中,对于提供消费信贷的金融机构而言,由于借款人还款来源较为稳定,其收益也较高。提供消费信贷的金融机构也通过从事该项业务赚取了大量利润,部分汽车金融公司的盈利收入甚至超过了其集团汽车制造利润。发达国家汽车消费信贷的渗透率很高,据统计,当前,全世界每年汽车销售总额约为1.4万亿美元。其中,汽车公司采用消费信贷方式销售的约为1万亿美元,其占比为70%左右,汽车公司采用现金方式销售的约为3900亿美元,其占比仅为30%左右。

当前,中国经济进入新的发展阶段。受美国金融危机影响,世界经济增长乏力。外贸出口对经济的拉动作用明显减弱,国内投资也明显减弱,这对扩大国内需求的要求很迫切。国家接连出台优惠政策来刺激国内消费需求。国务院率先出台了《汽车产业调整和振兴规划细则》,该细则对扩大汽车消费推动汽车产业发展做出全面部署。随后,中国人民银行要求银行系统加大金融创新,积极稳妥做好汽车消费信贷等汽车金融服务,全力推动中国汽车销售支持扩大内需。此外,随着大公司、大企业在资本市场直接融资的明显增加,这大大挤压了大公司大企业对商业银行贷款的融资需求。各商业银行也迫切寻找新的信贷市场空间,他们积极拓展消费信贷业务。在直接融资大发展背景下,汽车消费信贷正是商业银行亟待加强的朝阳业务。与此同时,随着中国金融市场对外开放的力度持续加大,国外实力雄厚的汽车金融公司开始在国内抢滩夺地,与商业银行汽车消费信贷展开面对面的激烈市场竞争。

# 一、影响中国汽车消费需求的要素

## (一)推动汽车消费需求的要素

### ▶▶▶ 1.消费需求和消费升级

根据马斯洛的需求层次理论,人们的需求分为五种。它像阶梯一样从低到高,第一层次最低,为生理需求,对应的是食品、衣着、居住类消费;第二层次为安全需求,对应的是医疗护理、交通运输、金融保险类消费;第三层次社交需求,对应的是家庭服务、家庭经营、娱乐类消费;第四层次尊重需求,对应的是汽车等消费;第五层次为自我实现需求。

从体现生活水平的恩格尔系数来看,尽管中国城乡恩格尔系数明显高于美国、日本。但从近年的发展情况看,我国仍是总体逐年下降的。具体而言,从消费结构看,城乡居民的生理需求支出占比在减少,而安全支出和社交支出甚至尊重需求在总消费支出中的占比则不断提高并且有加速的趋势。这表明,随着居民收入的增加。在满足日常生活消费需要的同时,人们开始追求享受型消费。人们将"住"和"行"的改善性需求提上了日程。随着住房制度的改革,居住地与工作单位距离较远,而公共交通又不甚完善迫使人们不得不购买汽车以满足通勤需要。此外,在购车消费过程中,人们特别容易将汽车作为炫耀性物品进行追求,也使得部分较少使用汽车的人也购买了汽车。

### ▶▶▶ 2.消费水平与汽车消费需求

根据欧美发达国家的经验,人均收入水平与汽车拥有率有着密切关系。一般来说,人均收入越高,汽车拥有率也就越高。国际经验进一步表明,依据轿车价格与人均 GDP 的比值,也就是所谓的 R 值。判断从导入期进入普及期的转折点,它相当准确有效。一般而言,当 R 值为 3~2 时,基本上就可以认为轿车市场进入了普及期。当 R 值低于 2 时,这一判断就几乎是百分百成立了,其社会轿车拥有量将迅速增加。显然,中国已基本越过了汽车普及的门槛。在未来十到二十年间,中国轿车市场必然会进入普及期,其总体保持一个平稳快速发展的态势。

从动态角度观察,当前中国已进入工业化、城市化快速发展时期。实证研究证实:我国进入这一时期通常意味着经济进入了一个相当长的持续高速增长期。国民经济结构将会急剧变化、工业规模迅速扩大,农业人口向城市快速聚集。这一趋势一直要延续到城市人口占总人口70%以后才逐渐减缓。按现有发展速率估算,工业化、城乡化快速发展的趋势将持续二三十年。3亿多农业劳动力将快速转移到工业部门,他们迁移至城市居住。在此期间,人们对家用轿车的需求也必将随之"水涨船高",其消费规模必将进一步膨胀。

从中国汽车消费的发展实践看,由于中国地域辽阔、地区发展很不平衡,总体上中国的汽车消费也呈现出梯度发展的现象。北京、上海、广州等大城市由于居民收入水平较高,其消费理念较新。他们最先启动了对汽车的消费高潮。随着规模较大省会城市居民收入的增加和大城市汽车消费的带动,居民购车的意愿也很强烈,其汽车销售量猛增。在部分中西部地区三线城市的居民收入也有了很快的提高,这部分群体也逐渐加入到购车的行列。这些城市范围广、人口多,他们对汽车的消费需求量更大。与此同时,一线城市及高收入阶层出于消费升级需要,他们开始对已有车辆升级换代。同时为满足家人的用车需要,他们开始购买更多的车辆,常常一个家庭拥有2~3辆汽车。

### ▶▶ 3.其他推动汽车消费的有利要素

从主要发达国家的产业经济情况看,由于汽车产业链长、关联企业多、高新技术含量高,并且终端汽车消费需求旺盛,因而被列为国民经济重要的支柱产业而加以推动发展。中国也不例外,同样对汽车产业给予了高度重视,同时,国家不断出台政策予以鼓励支持。

国家不断出台政策规范汽车消费市场。近年来,国家相关部委相继出台了一系列政策措施规范和推进汽车消费市场发展。国家商务部发改委工商总局联合印发《汽车品牌销售管理实施办法》(简称实施办法)。该办法的核心内容是实行汽车品牌授权销售,即品牌销售需经生产厂商授权。它可以形成谁生产的汽车产品谁授权,经销商要卖车必须先从生产厂商获得经销授权的市场销售模式。它保障了汽车销售市场的良好秩序,最终维护广大消费者的利益。《实施办法》对汽车销售市场将会产生很大影响,它具体表现在以下三个方面:一是强化汽车生产厂商的利益,它可以形成生产厂商控制经销商的局面。由于《实施办法》的核心就是生产厂商授权销售，它不允许品牌经销商对其他汽车经销商的再次授权。如果生产厂商不给经销商授权，经销商将丧失汽车销售资格，这无疑会使生产厂商更强，经销商更弱。据调查，目前，全国现有汽车经销商3万多家。其中，获得汽车生产商授权的特许经销商网点（含"4S"店）只有2千多家，约占7%，即有超过90%的经销商将面临两种选择：即要么成为生产厂商的非法人分支销售机构，要么被淘汰出局；二是《实施办法》不对汽车经销商建店规模作具体规定，它有利于经销商向更全面的综合性服务商转变。在《实施办法》实施前，汽车生产厂商对汽车经销商建店的要求很高，而建立"4S"店要求更高，其投资多在千万元以上，并且还要限时建成。否则，生产商取消经销商的授权。《实施办法》在这方面的限制性规定很少，它没有规定明确的建店标准，这使生产厂商对经销商的审核从简单的"4S"模式向更全面的综合能力转变。《实施办法》将会使汽车消费流通行业从无序走向有序，经销商授权销售的体制使汽车销售从单一的价格竞争逐步过渡到多元化竞争，消费者的消费意识也会从单纯地追求价格向追求服务和品牌转变；三是《实施办法》的施行使汽车生产厂商进一步加强对营销网络的管理和控制，合理经销商区域布局，淘汰劣质经销商，提高服务质量。汽车不是普通的商品，其质量关系到消费者的人身安全，它属专控产品。因此，实行品牌授权销售管理强化了厂家对经销渠道的甄选和控制。生产厂家可以根据经销商的资质和实力决定其地位，从而更好地建立品牌形象、维护企业信誉。在销售区域的布局上，汽车生产商可以通过授权防止在某一区域汽车经销商过多、过滥，避免同一地区销售网点过于密集而产生恶性竞争，同时将服务差、水平低的劣质经销商淘汰出局。

据调查，上海大众等大型汽车生产厂商已规范销售渠道，重新梳理经销商网络，强化其对经销网络的控制能力，力求建立产供销一体化的管理体系。国务院出台了《机动车交通事故责任强制保险条例》，它强制要求机动车所有人或管理人必须投保机动车交通事故责任强制保险。交强险的出台既保障了交通事故受害人的利益，也在客观上降低了机动车所有人的赔偿压力，这有助于汽车市场的拓展。商务部、工信部、公安部、财政部、税务总局、工商总局、银监会联合印发了《关于促进汽车消费的意见》，它要求通过提高汽车营销和服务水平、培育和规范二手车市场、加大信贷支持力度、拓展农村汽车市场等措施，并保持汽车市场稳定增长。中国人民银行、银监会、证监会、保监会联合印发了《关于进一步做好金融服务支持重点产业调整振兴和抑制部分行业产能过剩的指导意见》，它明确要求完善汽车消费信贷制度和业务流程。它特别强调要规范汽车消费信贷操作过程中的贷前资信调查、担保落实、车辆抵押、违约催收及车辆处置等关键环节,从而确保汽车消费信贷的顺畅运作。我国鼓励和支持组建本土汽车金融公司以推进国内骨干汽车生产厂商的汽车销售。鼓励金融机构创新开展汽车融资性租赁、购车储蓄等业务,从而促进汽车消费信贷模式的多元化。工商总局、交通部、质检总局联合印发了《关于进一步加强汽车销售行为及汽车配件质量监管工作的通知》,它要求进一步加强汽车销售行为监管、规范汽车市场交易和竞争行为,同时进一步加强消费维权,切实保护消费者合法权益。

国家陆续出台政策鼓励汽车消费。针对国际金融危机所导致的国际汽车市场严重萎缩,国内汽车市场受到严重冲击的不利局面,国家陆续出台了系列政策鼓励汽车消费。国务院及时出台了《汽车产业调整和振兴规划细则》,该振兴规划除对汽车产业重组、自主创新、技术改造等提出要求外,还特别重视汽车消费市场的培育和启动工作。我国通过汽车消费市场的活跃带动汽车产业的振兴。它涉及的具体措施包括以下四个方面:一是对符合条件的小排量轿车减征车辆购置税;二是对农民购置微型客车实施财政补贴;三是提高汽车以旧换新补贴标准,鼓励及时淘汰老旧汽车;四是取消影响汽车消费的不合理政策规定。从实施效果看,上述促进汽车消费的政策出台后,它确实有力地推动了汽车消费市场发展,其基本达到了预期目的。国家将新能源汽车列为战略性新兴产业予以培育和发展,并要求加大财税金融政策扶持力度,从而引导和鼓励社会投入。同时,各个地方政府也纷纷出台措施鼓励使用新能源汽车,例如,北京允许新能源汽车不参与摇号上牌等。

### (二)阻碍汽车消费需求的要素

#### ▶▶ 1. 受消费者的汽车消费观念限制

在相当程度上,消费者的购车观念影响着汽车的消费。它具体体现在以下三个方面:一是部分消费者受传统观念影响仍将汽车视为高端奢侈品,觉得难以购买汽车;二是部分消费者出于环保等考虑主动不购买汽车,而是采取公共交通工具出行;三是部分消费者希望购买汽车,但购买资金不足,同时又受制于传统形成的"量入为出""无债一身轻"的消费理财观念。消费者秉持着"有多少钱办多少事"的消费观念,不愿意负债提前消费,其借贷消费意识较弱。

### ▶▶ 2. 消费者的收入要素

居民收入不高是当前制约消费者购买轿车意愿的重要原因。尽管近年来中国汽车消费获得了较快发展，但消费主体主要是中高收入群体，还有更多的中低收入群体由于收入较低，他们的生活压力较大而没有能力购买汽车。特别是，多数城市住房价格居高不下。消费者购买住房已消耗了居民的相当部分收入，而且汽车购买后还需要承担维修保养、加油、停车费等支出。他们往往使中低收入群体难以接受，不得不放弃购车。与收入低相对应的是，总体看，中国的汽车销售价格仍较高，这也降低了消费者的购车意愿。

### ▶▶ 3. 轿车消费政策要素

在汽车购买阶段，消费者需缴纳车辆购置税，其税率为应税价格的10％。此外，汽车在出厂之前，汽车厂家已经代为缴纳了5％的汽车消费税和17％的增值税。当然，这部分税款已体现在车辆总价中。这样在汽车购买阶段，消费者至少缴纳32％的各类税款。如果消费者是购买进口车辆，他们还需缴纳25％的关税。此外，在上海等征收牌照费用的地区，费用则更高。上海的车辆牌照费用高达数万元。购车阶段的税费大大高于国外水平。在国外，美国不到10％，日本约为总价的7.5％，英国则只占2％左右。在税率方面除消费税安排量等级实行差别税率外，其他各种税费大都是按车征收。无论大车还是小车，它们没什么区别，显然不公平。税费构成重点是放在购买阶段，而非使用环节，它没有体现多用多付费的原则。

汽车数量的激增给一些大城市的交通和城市环境带来了很大压力。北京、上海、广州等特大城市实施汽车限购措施，这给上述城市的汽车销售带来较大不利影响。我国首先采取限购措施的是上海市，该市通过对中心城区新增私车牌照实施拍卖的方式来限制汽车总量。其次，北京市对新增汽车实行摇号限牌，规定每月只新增一定数量的小客车指标。在综合了北京及上海的限购模式上，广州市提出了试行期为一年的汽车限购政策。全年只新增12万辆小客车。其中，采用竞拍和摇号模式的车辆各为6万辆。尽管限购政策还有调整余地，但短期之内估计不会调整。值得关注的是，一些大城市也开始仿效操作。例如，贵州省贵阳市也计划采取车辆限购措施，但因各种原因未能实施。

#### ▶▶ 4.消费者心理预期要素

随着国际主要汽车生产厂商对国内市场的抢滩占地，当前，国内轿车消费市场竞争非常激烈。由于大部分汽车功能的同质性。汽车生产厂商为抢占市场，许多厂商大打价格战。他们通过降价来推动汽车销售。由于汽车价格总体仍偏高，且汽车并非生活必需品。许多消费者便采取观望的态度来看待汽车的降价销售，买涨不买跌，其潜在消费者难以下决心购买汽车。

此外，随着改革的深入和社会发展，住房、教育、医疗等已成为城乡居民当前最主要的支出项目。对于大多数居民而言，储蓄或者购买低风险的国债、理财产品以备将来购房、子女入学等仍是重要选择。有关机构开展的调查结果显示，因为预期未来支出增加而降低当前消费增加储蓄的被访者占比为 59.4%。这其中，人们为供将来子女上学而储蓄的被访者约为 59.3%；为将来购置房产、养老和生病治疗而储蓄的被访者依次分别为 43.6% 和 42.6% 及 41.4%。

#### ▶▶ 5.居民社会保障制度的不健全

由于中国总体上仍属于发展中国家，国家还不富裕，这体现在社会保障上就是社会救济、社会养老、医疗保险等保障制度还不健全。它主要表现在城乡养老保险制度覆盖水平低，不同群体的社会保障水平差距大，新型农村合作医疗制度也只是刚起步，而且保障程度低等。在社会保障制度不健全的情况下，居民在消费特别是大额消费时就会非常谨慎以备将来不测之需。

#### ▶▶ 6.缺乏汽车消费的软硬环境

总体看，国内大多数城市在规划时未充分估计汽车量的快速增长。它具体体现在以下三个方面：一是道路建设狭窄，部分道路无法实现双车道行驶。部分道路由于前瞻性不足，通行时间不长就发生拥堵。二是路网尚未实现网络化，小街道或胡同的通行能力较差，它常常因个别地点的拥堵导致大面积路网堵塞。三是城市交通管理系统还不完善，车辆混合交通、人车不分等情况也大大降低了车行效率。此外，相当数量人员尚未形成按交通法规行驶的习惯，随意加塞、随意停车等不良驾驶习惯随处可见，也人为增加了交通拥堵甚至交通事故。这使得驾车行驶的方便、节省时间的优势荡然无存，从而影响了消费者购车的意愿。

此外，中国对汽车消费者的权益保护明显不足，更多的是保护汽车生产厂家的利益。汽车召回制度长期不完善并与欧美国家差别大,汽车消费者出现汽车故障往往难以有效维权,也使许多潜在的消费者有所畏惧。

## 二、中国汽车消费信贷需求的主要要素

### (一)促进汽车消费信贷需求的主要要素

**➤➤ 1. 居民收入增长与理财意识的增强**

随着中国经济的持续快速发展及国家不断加大收入分配制度改革,居民收入呈现持续增长态势。它具体体现在以下两个方面:一方面是从事个体经济、私营经济及股份制经济的群体率先富裕,收入快速增长;另一方面是在国家大力推进收入分配制度改革的背景下,我们可以采取增加工资、减税、转移支付等各种措施着力提高中低收入群体收入水平,低收入群体的收入也有了较大提高。

在居民收入快速增长的同时,居民的理财意识也不断增强。它具体体现在以下两个方面:一方面是随着中国市场经济的发展和经济货币化程度的提高,政府对原有的退休、住房、教育和医疗等制度进行了深入的改革。因此,每个居民、每个家庭现在都要独立处理和解决养老、住房、教育和医疗等问题。而在人生的不同阶段,收入和支出并不总能保持平衡,特别是退休后的养老、医疗等大额支出问题。国家要解决这种不平衡问题,在相当程度上要依靠个人统筹安排、合理理财来达到平衡;另一方面是随着居民收入和个人财富的快速增长,在满足日常生活消费的同时,居民开始出现财富的积累。在当前储蓄存款"负利率"的背景下,为实现个人资产的保值增值,许多居民开始迫切需求更多的投资渠道和理财方式。

总体看,中国居民的理财意识不强,对理财的重视程度还较低。它主要表现在以下三个方面:一是理财观念落后,居民更倾向于储蓄和不动产的投资;二是现有银行等金融机构推出的金融理财产品尚不能完全满足人们投资的需要或者不能为投资者所理解接受;三是居民投资理财知识水平总体不高或者理财技能不高。在一定程度上,这些情况都制约了中国金融理财业务的发展。

**➤➤ 2. 汽车消费信贷和居民理财**

所谓个人理财,其实就是个人结合自身风险偏好综合运用各种金融产品和投

资手段实现个人财产的保值增值。它不仅包括个人的投资理财,如购买理财产品、股票、保险产品、基金、购房等,还包括如何运用负债等方式实现即期自身收益(包括享受等)的最大化。

在日常生活中,西方发达国家的居民较少使用现金。同时,由于储蓄利率相对较低,也不会保留太多储蓄存款,而是将资金主要用于购买共同基金、投资性保险及股票等以获取更高的投资收益。此外,在日常消费时,人们主要借助信用卡透支消费来完成,其最大限度地挖掘资金价值。对于花费资金较多的购房、购车更倾向于使用消费信贷,通过分期还款来合理安排自有资金以实现自有资金总体收益的最大化。因此,适当的借助消费信贷也是实现自身资产收益最大化和即时满足自身享乐需求的重要手段。我们以英国为例:在英国,人们理财观念深入人心,信贷购车不是单纯的提前消费,而是一种理财选择。英国人通常会向专业人士咨询利率短期和长期走势、就业和工资增长前景,并对自身的还贷能力和还贷时间作大致的规划。然后,他们据此安排信贷消费和投资理财。事实上,英国人更愿意花银行的钱购车,而将自己的收入用来投资。例如,陈年葡萄酒、赛马及经典汽车等项目都是他们追捧的投资热点。

以购买汽车为例,如果只是依赖自身资金积累来购买汽车,我们则需要等待一个较长时间。而通过汽车消费信贷则可以马上实现购车愿望,从而满足便捷交通需求。从另一角度看,即使自身拥有较多资金,但如果我们有较好的投资渠道,也可以充分比较贷款利率和投资收益率。如果投资收益率高于贷款利率,那使用贷款来购车也是一项很好的理财方式,可以实现个人总体收益的最大化。如目前,建行的分期付款购车 3 年期手续费为 10%,年均为 3.3%。而当前风险较低的货币市场基金的年化收益率都已经达到 3.5%,这样会多收益 0.2%。在此情况下,消费者采用分期付款方式不但及时满足了自身的消费需求,也实现了个人收益的最大化。

### (二)制约汽车消费信贷需求的主要要素

#### ▶▶ 1. 贷款手续繁琐

总体看,受社会信用体系不健全等因素影响为防范风险,商业银行汽车消费信贷在实际操作上,除要求所购车辆办理抵押外,通常还要求客户购买汽车履约保证保险或办理担保公司担保。而一旦引入第三方担保,贷款流程明显拉长,汽车消费者所需手续和资料明显增多,并且增加了成本费用支出,它往往使客户望而却步。中高收入的优质客户为避免麻烦可能就放弃贷款而直接选择全款购车。这是当前影响商业银行汽车消费信贷需求的最主要原因。

### ▶▶ 2. 贷款利率高

从银行角度看,由于汽车贷款风险较高,银行为使收益覆盖贷款风险,因而在贷款利率设计上通常会高于基准利率。但从客户角度看,从心理上,汽车消费者感到贷款利率偏高,其贷款购车成本超过心理预期,从而拒绝采用贷款方式购车。

### ▶▶ 3. 贷款耗时长

为防范内部操作风险,在贷款操作流程上,商业银行设计了较为复杂的审贷环节。例如,汽车消费者必须经过贷前调查、贷款审查和贷款审批,而且审批必须与贷前调查实行物理分离,如工商银行在城市分行设置了审批中心,集中审批贷款。在防范风险的同时,这样的流程设计也加长了贷款办理时间,从而影响了客户的贷款需求。

### ▶▶ 4. 认识不到位

一部分客户对银行汽车消费信贷较为陌生,他们想当然认为很复杂,也不愿去了解,再加上银行和汽车经销商宣传不到位。特别是,他们将贷款作为理财手段宣传不到位。这致使相当有贷款需求购车的人没有选择汽车消费贷款来帮助自己购车。他们要么放弃购车要么全款购车,银行丢失大量潜在客户。

总体来说,在上述产品设计中,尽管商业银行有一定客观原因,但也与商业银行管理粗放、客户细分不到位有密切关系。因为他们实行一刀切,其最终结果很可能导致"劣币驱逐良币",从而陷入"恶性循环"。

# 第三节　汽车消费信贷发展及建设措施研究

## 一、消费者的金融消费行为

### (一)金融消费的概念与特征

关于"金融消费"一词,在《金融消费者的概念和内涵》中,叶建勋对金融消费者的概念进行了深入分析,并由此引出金融消费。它是金融消费者为了满足基本生活需要而购买的金融产品或者接受金融服务。金融产品是指根据一系列具体规定和约定组合而设定的权益,具有非物质化和虚拟性的特征。金融服务是指金融机构向金融消费者销售产品的态度、行为和过程及金融机构向金融消费者提供的各种便利和条件,如金融机构向消费者提供的上门服务、咨询服务等。总体来看,金融产品强调的是一种金融权益。金融产品之间的区别是其代表金融权益的区别,而金融服务强调的是一种态度、过程、行为、便利和条件。

与一般的物质文化消费不同,金融消费有自身明显的差异性,它主要包括以下六个方面:一是金融产品的虚拟性。金融产品是根据一系列具体规定和约定组合而设定的权益,它是一种抽象化的产品,且具有非物质化和虚拟性的特征。这是金融产品与一般物质消费的最本质区别;二是金融产品的同质性。在一行三会的模式下,中国各金融机构的金融产品设计大同小异,自由设计空间非常小,再加上金融产品的易复制性。由此,导致了金融产品的同质性。因此,在金融产品同质化的背景下,为抢占市场份额,各金融机构纷纷打出"服务牌"。他们希望以更优质的服务赢得客户;三是金融产品定价的特殊性。按照马克思主义理论,一般物质商品的价格是由该商品的内在价值和供求关系来决定的。由于金融产品的生产过程与一般商品的生产过程存在本质的差别,其价格的决定因素也有着明显的差异性。从现状看,银行类金融产品的价格确定既考虑了生产该金融产品的成本,同时也受到金融监管部门的规范。它只能在一定范围内定价,其价格的波动性较小;四是金融产品的消费是以信任和信用为基础的。在对金融产品和金融服务进行消费时,消费者总是以必要的信任和信用为前提。在银行类产品的消费中,如果没有信任和信用做前提,消费者不信任银行,他们就不会将钱存入银行。在银行向消费者销售贷款等信用产品时,也不是谁出价高就贷给谁,而是综合评价客户的信用程度和还款能力。谁的信用程度高,谁获得贷款的可能性就大;五是金融产品和金融服务密切相连。金融机构不但要设计和提供金融产品,还要提供相应的服务。只有这样,消费者才能享受到较为全面的金融服务。事实上,消费者在消费金融产品的同时,也包含对金融服务的消费。金融产品和金融服务两者总是紧密相连,它们难以拆分;六是金融消费过程往往具有延续性。一般的商品消费,往往是"一手交钱,一手交货",它具有一次性的特点。而金融消费则不同,其消费具有持续性。如客户办理存款后,只要钱没有全部取完,他就始终是银行的客户,消费者与银行间的服务仍在持续中。

### (二)中国消费者金融消费行为特点及趋势

**➤➤ 1. 金融消费的地区差异和年龄差异明显**

消费金融的意义在于降低流动性约束和交易成本,通过信贷手段或者财富效应促进消费。它可以激发即期潜在的消费能力,形成消费的长期安排。受中国东中西地区经济社会发展差异和城乡二元结构影响,东部地区和大中城市消费者的金融消费意识较强,其金融消费环境也较好;而中西部地区和农村地区消费者的金融消费意识较淡薄,其金融消费需求较少。

**➤➤ 2. 消费者金融消费呈现个性化趋势**

随着城乡居民收入的不平衡增长和投资理财知识的宣传普及,居民的消费需求摆脱了低收入阶段的整齐划一而呈现多元化趋势。与此相适应,随着金融机构所提供金融产品的多元化,不同居民的金融消费开始出现差异化、个性化。消费形式也从单一的储蓄存款向理财、投资、消费贷款等延伸。低收入群体因忙于生计,主要需要储蓄类产品,其金融需求较为单一;而中高收入群体则对金融产品的需求明显增多,更加关注金融服务的专业性和时效性。人们愿意使用信用卡、电子银行等现代金融产品,也敢于使用消费信贷来满足自己的融资需求,如购买轿车、住房等。同时,人们对银行提供金融服务的便捷性要求也较高。

**➤➤ 3. 金融消费更青睐简便快捷的消费方式**

现代社会的工作、生活节奏越来越快,消费者的时间观念越来越强。他们不希望在金融消费过程中耗费太长时间或花费太多精力。在此背景下,网购成了当前消费者特别是年轻消费者的重要购物方式。它体现在金融领域就是网上银行和自助银行的广泛推广应用,人们足不出户就可完成交易。同时,在办理银行业务过程中,消费者也希望流程能够简便、需要的证明材料越少越好。

**➤➤ 4. 相当多的消费者及接受信贷消费方式**

经过多年的宣传和引导,越来越多的消费者开始接受信贷消费模式,从而实现提前消费。同时,也有更多的消费者将信贷消费看做一种理财方式,他们将使用贷款节省下来的资金进行新的投资以获得更高收益。

### ▶▶ 5. 消费者对金融服务的收费价格仍比较敏感

总体而言,对于非信贷产品的金融服务收费,由于属于政府定价、各商业银行差别不大,消费者在金融消费过程中对价格争议不大。但对于需支付利息的信贷类产品,消费者则对贷款利率较为敏感,如果该信贷产品属非必需且利率较高,则会认为不值得而不会办理该项业务。在一次汽车消费信贷市场调查中,新华信咨询公司就发现相当多的消费者因为汽车消费信贷利率太高而放弃贷款购车。

针对不同的金融服务和金融产品,根据是否生活必需品、是否有替代品,消费者对金融消费的价格接受程度有所不同。一般来说,人们有四种金融消费动机:安全、便利、增值、愉悦。求稳型客户则希望银行稳健经营,所提供的金融产品可以微利但不能亏损,机具操作安全;求利型客户希望银行提供的金融产品收益高,从而实现财产保值增值;求便利型客户则希望银行能提供方便快捷的个人信贷产品和信用卡等结算工具。

## 二、汽车消费信贷产品的创新

### (一)关于信用卡购车分期付款业务

#### ▶▶ 1. 信用卡购车分期付款的概念与特点

信用卡购车分期付款是商业银行信用卡分期付款业务的一个重要专项业务品种。具体而言,信用卡购车分期付款是购车人(持卡人)在获得银行信用片授信额度,并按规定支付首付款后,购车人持卡在指定汽车经销商刷卡消费购买家用轿车,随后银行从购车人(持卡人)信用卡账户分期扣款归还贷款的业务。购车人支付的首付款,一般为净车价减去持卡人可用银行审批额度后的剩余金额。信用卡购车分期付款的额度一般为 2 万～30 万元。分期付款期限以月为单位,它主要为 12 期、18 期、24 期和 36 期。购车人分期付款不需支付利息,但需支付一次性手续费,手续费通常为贷款额的一定比例。

与汽车消费信贷相比,信用卡购车分期付款的主要优势在于办理简便、操作灵活。信用卡购车分期付款,更注重对持卡人以往用卡"信用"状况的审核,它是信用卡透支消费功能的延伸。在具体办理时,汽车消费信贷可以通过汽车经销商办妥相关手续,而不需客户亲自到银行办理。因而深受"时间观念较强"且怕麻烦的现代都市人的欢迎。信用卡购车分期付款只向客户收取一定比例的手续费,而不收取利息,客户的消费感觉较好。此外,部分商业银行为推广购车分期付款,他们通常会联合汽车经销商或生产厂商推出一些优惠政策,比如免担保、厂商贴息等。

对银行而言,推广购车分期付款有诸多益处,它具体体现在以下四个方面:一是信用卡购车分期付款事实上将正常的贷款利息转化成手续费等中间业务收入。虽然对于商业银行整体收益而言没有太多差别,但在当前各家商业银行积极开展收入结构转型,提高中间业务收入占比的背景下具有很强的现实意义;二是分期付款手续费一般是一次性提前收取,而非分期收取。它可以提前收获分期付款收益,其年化收益率高于名义手续费率;三是汽车价格较高。因而贷款额度较高,相应收取的手续费较多,盈利较高;四是有助于吸引高端客户群体,提高客户对银行的贡献度和依存度。对持卡人而言,它可以便捷的获得融资资金,满足购车资金需求。对汽车经销商而言,这又多了一个扩大汽车销售的渠道。总之,信用卡购车分期付款较好地满足了银行、持卡人和汽车经销商三者的利益,因而得到了社会的认可和接受。

### ▶▶ 2.客户的准入与操作流程

客户的准入与操作流程具体包括以下三个方面:一是购车分期付款客户的准入。为防范风险,信用卡购车分期付款业务的目标群体一般都是职业稳定良好、收入较高,并且在长期用卡过程中积累了良好信用的中高端优质客户。这一目标群体的界定,银行比较好的满足了中高端客户追求方便快捷的需求,同时也能较好的控制经营风险。对于没有信用卡的客户,也可同步申办信用卡和购车分期付款,从而吸引了更多客户开办信用卡购车分期付款业务,扩大了客户群体范围。二是购车分期付款操作流程。信用卡购车分期付款业务主要涉及银行、汽车经销商和持卡人三方当事人,其部分的还可能涉及第三方担保。以工商银行为例,信用卡购车分期付款业务需要经过开户制卡与客户调额两个流程。三是面临的主要风险和应对措施。作为商业银行的资产业务,它与一般消费贷款一样,信用卡购车分期付款业务也存在信用风险、操作风险和流动性风险。

总体看,信用卡购车分期付款业务面临的主要风险还是信用风险和操作风险。由于商业银行资本实力充足,流动性风险尚不明显。对于信用风险,商业银行必须严把客户准入关,他们将目标客户确定在有稳定职业和收入,以往信用记录良好的客户,同时根据客户的收入合理确定贷款额,防止入不敷出。同时对于操作风险,它具体包括以下两个方面:一方面是要建立规范严谨的审批操作流程,其实施适当的审批集中和内部制衡机制,严防内部欺诈风险;另一方面是要设定标准,从严选择经营规范、诚实守信、规模较大的汽车经销商如 4S 店作为合作伙伴,并在银行内部建立一套异常交易监控系统,实时监测借款客户和汽车经销商的交易行为,银行发现异常及时采取措施催收贷款或终止合作。此外,《刑法》第1 条关于信用卡诈骗罪的规定,对于有效遏制信用卡购车分期付款犯罪也起到了很强的威慑作用。全面建设信用卡审批中心,银行应该将信用卡审批人纳入全行信贷序列统一管理。完善个人客户信用卡授信政策,加强对高龄客户等特殊客户群体的授信管理,提高授信的精确性。银行应加大对贡献星级下降、存款稳定性不足的客户及存在违规、高风险用卡客户的额度动态调整力度,使信用卡授信资源配置更趋合理。国家将行内代发工资与存款客户作为核心目标客户,纳入信用卡授信体系。通过签订逾期扣款协议落实信用卡账户与其代发工资账户或存款账户绑定,降低信用风险。对异地客户、逾期客户、低龄客户、"关注"类客户等风险较高的客户采取更严格的授信策略。针对客户用卡过程中的风险隐患,进一步强化额度动态管理;对高额度低使用率客户、信用卡逾期客户及存在生产经营用卡行为的高风险客户采取主动降额、不得新增授信等措施,严控风险敞口。继续实施信用卡电话中心全面覆盖早、中期逾期贷款催收,着重开展信函、上门、律师函和司法催收的全面催收模式,从而实现催收力度的步步紧逼,这可以增强催收工作的针对性和灵活性。国家充分利用银行的欠款扣收系统做好信用卡欠款扣收工作,尽快在本银行范围内进行扣收处理。总体来看,只要操作得当,信用卡购车分期付款的风险是可控的,其业务发展空间广阔。

### (二)二手汽车贷款业务

一手车市场和二手车市场好比人体的任督二脉,缺一不可。发达国家成熟的汽车销售市场,新增市场空间有限,二手车的交易量已占总乘用车交易量的一半以上。按照国际汽车交易的发展趋势,中国的二手车交易也将有快速发展,并在中长期成为中国汽车交易量的主体产品。需要引起注意的是,信息不对称和诚信问题仍是阻碍二手车市场健康快速发展的关键因素。由于不同车辆的使用情况不同,消费者对旧车的质量状况难以做出判断。因而在二手车交易过程中,普遍存在着买方对卖方的不信任。而一些二手车商扰乱正常交易秩序的行为,如交易不过户、场外交易、私下交易等,也加重了消费者的不信任。这种不信任还未得到完全消除。而在一定程度上,二手车售后服务不到位也影响了消费者信心。此外,由于各地二手车交易市场在准入、交易方式、交易程序等方面存在的差异,也导致各地形成了交易"壁垒"。它不仅缺乏跨地区的流通网络,如信息不畅、运输成本高等,也妨碍了二手车的异地流通。其中,"限迁令"就是表现形式之一。

针对上述问题,中国的二手车市场也正酝酿着变革。随着法规的逐渐完善、品牌车商的进驻、消费者需求的不断提升,二手车市场正从"黄牛盛行"的低级市场形态开始向规范化、品牌化经营的高级市场形态进行转变。二手车的售后短板也将得到进一步弥补。与一手新车相比,二手车由于使用年限不同、磨损不同。一辆车一个价格,它没有统一标准价格。而且,它的价格的评估难度也比较大。随着二手车市场的发展,购车人希望贷款购买二手车的消费者也越来越多。但二手车与新车消费有诸多的不同,银行开展此业务时没有考虑周全,其开展情况不尽如人意。因此,不到两年时间,二手车贷款业务就被全面喊停。放弃二手车信贷业务的最主要原因就是风险高、利润低,投入与产出不成比例。它具体表现在以下两方面:一方面是二手车价值本身不高,其抵押价值不大。如果在贷款期内发生损毁,即使追回车辆也没有多大用处;另一方面是贷款业务一般是由银行委托金融中介机构开展,银行的主要盈利点只有贷款利息。而更大部分的利润是由中介机构以服务费的名义获取的。随着中介机构违规操作泛滥,银行坏账的增加,银行为此付出的管理成本越来越多。他们根本没有利润,也就没有了发展动力。

付款比例为车辆评估价值的50%,贷款年限一般为3年,其车型仅限国产车,暂不包括进口车。与新车贷款相比,二手车贷款条件较为严格。在操作流程上,除了要旧机动车交易市场承担评估责任外,它往往还引入担保公司提供保证担保以有效防范贷款风险。总体看,尽管二手车市场未来发展空间广阔,但在目前阶段二手车贷款市场仍处于刚起步阶段。

二手车贷款面临的主要问题和对策。当前,二手车贷款面临的最大问题就是二手车价格的认定问题。由于国家尚未出台有关二手车价值评估的国家标准,因而对于二手车价格的评估就缺乏一个公允的标准。在此情况下,在确定发放贷款额度和二手车抵押价值上,商业银行就会束手无策。

商业银行开展二手车贷款肯定有利于二手车市场乃至整个汽车消费市场的

发展,国家正在积极采取措施支持发展二手车贷款。它具体体现在以下两个方面:一方面是有关政府部门或市场管理者应牵头组建成立规范的二手车经纪公司,并建立科学合理的二手车价格评估机制。商业银行要与该二手车经纪公司建立合作机制,只有通过该二手车中介公司办理的过户交易,购车人方可受理办理贷款。一旦借款人由于各种原因出现违约行为时,二手车经纪公司应协助银行将客户购买的二手车进行变现,尽量减少损失;另一方面是相关部门要积极研究改进中国的汽车报废制度、完善旧车交易的相关法规、改善旧车消费环境、简化交易手续、降低交易税率,从而推进二手车交易市场的扩容。

### (三)创新优化汽车消费信贷产品业务

在当前情况下,汽车价格仍相对较高。如果利率较高,则借款人就要承担较高的贷款利息。因为购车消费者对贷款利率较为敏感。从多次社会调查结果看,购车消费者对汽车消费信贷产品最关注的因素就是贷款利率,更有46.9%的意向用户表示如果能获得零利率的信贷促销优惠,将会激发自己购车。另据一项专题调查统计,有29%的人因贷款手续繁多而放弃使用汽车消费信贷购车。许多受访者认为信用卡购车分期付款操作手续简便,比传统的商业银行购车贷款产品和汽车金融公司车贷产品有竞争优势。这表明,繁琐的贷款调查审批流程对消费者购车行为影响很大,已成为借款人不愿选择银行车贷的重要原因之一。

为增强银行服务的针对性,逐步破解信息不对称难题,商业银行必须充分挖掘现有客户信息数据和个人征信系统。他们对现有客户群体依照信用状况、还款能力、贷款用途等进行细分,从而根据不同客户群的特点分别提供不同的汽车消费信贷产品。特别是针对收入高、信用好的客户要果断简化贷款操作流程,银行坚决摒弃不区分客户情况一视同仁、相同对待的做法。这样做的结果只能是"劣币驱逐良币",造成大量优质客户流失,累积大量非优质客户。针对当前客户追求简便的特点,商业银行需对其现有的汽车消费信贷产品进行优化完善。

#### ≫ 1.贷款流程

对有稳定职业和收入的群体,如国家公务员、事业单位员工等风险较小的客户群体可以在贷款受理和审查上简化操作流程,优化审批环节,设计更多样、更灵活的还款方式。如深圳发展银行抓住当前网络普及的时机,及时推出汽车贷款网上预审批服务。通过网上提交申请资料,借款人得到银行认可后,即可到银行办理相关贷款手续。这大大节省了借款人的贷款办理时间,提高了客户满意度。招商银行则采取事前划定汽车消费贷款目标群体的方式,将工作重点放在对优质目标客户的贷款操作流程优化上。例如,面向优质客户推出了操作灵活的个人购车贷款,借款人可在规定时间和规定额度内随时使用贷款购车。在传统购车贷款业务的基础上,招商银行上海分行还推出了购车前贷款授信和购车后贷款介入两款全新贷款模式。

**➤➤ 2. 贷款产品**

银行要根据客户需求不断优化汽车消费信贷产品,在贷款期限和贷款额度上实施差别化政策。对信用好、还款能力强的客户,银行应允许其较高的贷款额度和相对较长的贷款期限;对还款能力一般的,银行则限制其贷款额度。同时加强与汽车生产厂商的沟通联系及对一些品牌类型可采取厂家贴息方式办理汽车消费信贷,从而实现银行和厂商的双赢。

**➤➤ 3. 贷款利率**

银行应该改变当前统一贷款利率模式,设计实施差别化利率。对高贡献度和低风险的好客户,其贷款利率可适当降低;对低贡献度和高风险的一般客户,其贷款利率则须适当提高,从而形成正向激励。这既有助于商业银行吸引和维护高端客户,也有助于降低贷款风险水平。

**➤➤ 4. 还款方式**

目前的车贷的利率相对偏高,加上较短的还款期限,它对于购车者有较重的还款负担。根据客户需求,银行应该创造出更多还款方式供客户选择。在国外发达国家中,汽车信贷的还款方式就非常丰富。商业银行也应及时借鉴汽车金融公司的经验,并结合自己熟悉客户资信状况的优势灵活设计还款方式,从而增强汽车消费信贷产品的吸引力。

## 三、促进汽车消费信贷发展的配套措施建设

### (一)加快个人信用体系的建设

**➤➤ 1. 加快建立与完善个人信用体系建设**

总体看,随着我国社会主义市场经济建设步伐的加快,我们对社会信用体系

建设的要求也愈加迫切。在此背景下,国家相关部门便积极开展研究和部署社会信用体系的建设工作。中国人民银行牵头组织建设的全国统一的企业和个人征信系统已正式投产运行。目前,该征信系统存储的信息主要是从各银行收集汇总的信贷(含信用卡)信息。中国人民银行征信系统即金融信用信息基础数据库已分别为1800多万户企业和8亿多个人建立了信用档案。目前,在开办信贷业务时,各商业银行必须要查询人民银行的征信系统。该系统为提高社会信用水平,保障银行贷款资金安全发挥了良好作用。此外,最近国家出台了《征信业管理条例》,它不仅明确了征信机构的设立条件,同时也明确规定了个人信息的采集规定。此外,该条例借鉴国际经验并结合我国实际情况将个人不良信用信息的保存期限设定为5年。这既有效惩罚了失信者,也为其提供了改正的机会,同时也为守信者以鼓励。总体看,我国个人信用体系建设已取得明显进步。

但从整个社会看,我国仍缺乏一个综合的完整的社会征信体系。目前,政府各个职能部门对个人信用信息的管理缺乏信息沟通和统一。公安部门有犯罪记录、银行有不良信用信贷记录、工商部门有不良行为企业记录管理系统、地区出入境检验检疫不良记录企业监督管理办法、税务部门对偷税漏税有不良记录机制、公安交通部门有不良驾驶降级机制等。但由于没有一个综合查询体系平台,各部门的不良客户信息不能联网查询,它容易给不法行为以可乘之机。

我们可以利用现有的各部门资源实现各部门所掌握的信息在一定范围内共享,并根据法律法规的要求向社会公众提供信息评价服务,从而打造全国范围内个人信用综合查询平台,这是目前完善个人信用体系的首要工作。为此,根据我国的居民身份证号码的唯一性和终身性等特点将其作为认证的识别码,集中管理这些个人信用信息。可通过国家部门工作人员和律师凭证查询,从而帮助有关单位在经济交往中合理判断对方的信用情况,这对保证国民经济持续健康发展将起到非常重要的作用。

完善的个人信用信息体系应体现在个人生活及工作中所涉及的各个方面,其内容包括:个人基本资料、公司及个人纳税记录、信用记录、社保资料、违法违纪记录、出入境记录、金融证券、保险及交通肇事和安全生产规章执行等方面。此外,我们还应增加个人不诚实行为档案(如失信、被处罚、逃税、恶意欠费、欠工人薪金等不良记录)的信息项目,并根据其发生不良记录的次数影响地区、行业、领域的特点和实际,制定对应的分级标准,从而将个人行为信息匹配相应级别予以记录。

由于个人信用信息平台建设及其管理是个庞大的系统工程,它涉及的行业机构、部门、企业众多。因此,我们必须以立法方式予以明确。个人信用信息平台建设及其管理应由全国人大常委会按相应的立法权限制定、颁布和实行有关地方性法规,从而让个人信用信息体系走上法律化、制度化轨道。

### ▶▶ 2. 建立健全有效的守信失信行为的奖惩机制

个人信用体系的核心功能就是要让"守信者获益、失信者受罚",其中"失信者受罚"最为关键。我们要让失信者付出相应的成本代价,非如此不足以警戒后来者。或者说,我们对失信者的惩罚就是对守信者的鼓励,从而构建正向激励机制。借鉴国外发达国家经验,我们应重点对失信者建立严格的惩罚机制。惩罚机制包括经济制裁、道德舆论谴责和法律诉讼等。其中,最重要的是经济制裁。在失信者进入个人征信系统黑名单后,国家正在着力扩大个人征信系统的应用范围。商业银行、保险公司等需要了解客户资信状况,社会单位在办理业务时都要查询个人征信系统,不允许失信者申办个人贷款、信用卡,甚至客户在办理保险、申请租房、申办安装电话等方面都给以限制或提高办理费用,使其真正感受到一旦失信将得不偿失。他们会在以后社会生活各方面受到限制。同时,我们要在社会上努力营造守信诺行的氛围使失信者受到舆论的谴责,使守信成为每个人的自觉行为。

此外,我国正在积极着手建立个人破产制度,也是防范借款人失信的重要举措。从欧美等发达国家的实践看,个人破产制度已成为完善个人信用制度,维护社会正常经济秩序的重要一环。实施个人破产制度后,借款人必须将除维持自身生活所必需之外的财产全部交付给法院指定的管财人,同时债权人有权申请撤销借款人在破产前一段时间内发生的不当财产处分行为,并限制借款人的高消费行为,从而减少其欺诈投机心理。

### (二)优化购车用车的环境

### ▶▶ 1. 提升居民的购车能力

居民的汽车消费能力直接决定着对汽车消费信贷的需求数量。而居民的汽车消费能力又直接决定于居民的收入水平。因此,要推动汽车消费信贷发展,我们必须着眼于提高居民收入。它具体体现在以下三个方面:一是深化深入分配体制改革,按照"收入倍增"规划提高居民收入在国民收入中的比重。具体而言,就是要按照按劳分配的原则大力提高中低收入者的收入水平,尽快摆脱温饱生活阶段;二是大力推进城乡化建设,提高城乡化水平,使更多农民进城就业,从而提高收入水平、增强消费能力;三是积极健全社会保障制度,使居民合理消费无后顾之忧。

**❯❯ 2.减轻购车的税费负担**

在当前情况下,购车阶段高达 32％的税费都已成为影响汽车消费的重要因素。而在使用阶段,税负则相对较轻。这样的税负安排所导致的结果就是抑制消费而鼓励使用。在实践中,就是购买大排量轿车较为普遍。平时对车辆的使用也较多,从而造成道路拥堵。而从国外发达国家的税负安排看,它都是车主在购买阶段税负较轻,而将税负的重点放在了保有环节和使用环节。"购买低税负"体现了消费者机会公平,而"使用高成本"则体现了"多用多交税、少用少交税"的原则。对于控制城市拥堵、加强环境治理也有一定帮助。此外,政府也可借助这一税负制度安排,通过减免税费鼓励节能、清洁汽车的保有和使用。

中国正在积极借鉴发达国家这一购车税负安排,大幅降低购置环节的税费征收,而将相关税负转移到汽车使用环节。具体而言,就是降低购置环节的增值税、消费税、车辆购置税的税率,从而减轻购车人的税务负担。同时我国加快推进燃油税改革,适当提高汽车的使用成本。此外,政府还可利用税收的杠杆作用,从而引导鼓励消费者购买混合动力等新能源类汽车及小排量汽车。

**❯❯ 3.着力构建与谐发展的汽车社会**

随着中国汽车保有量的快速增长,中国正逐步步入汽车社会。汽车对社会的影响也在不断加深。汽车不仅承担了主要的客货交通量,而且对社会的影响力也已经辐射到了各个领域。它改变了人们的生产生活方式,提高了生活水平。但与此同时,汽车社会面临的问题也越来越多。其中,能源资源、交通拥堵、大气污染、交通安全、不理性的汽车消费行为都在影响汽车社会的和谐发展。现在问题最为突出的是有限的路面资源与汽车数量的无限制增长必然产生冲突和矛盾。目前,中国绝大部分大城市都面临着道路拥堵和停车难的双重难题。如果不及时加以解决,它很可能愈演愈烈,其后果不堪设想。此外,迅速增加的汽车量,人们对汽柴油的需求也快速增加,其能源消耗日益加剧,石油供应压力急剧上升。当前,中国单位汽车的油耗标准远远高于日本等国家。我国的节能减排工作压力很大。

为应对来自汽车社会的种种严峻挑战,中国应从以下六个方面着手应对。

(1)抓住契机推动汽车产业技术进步和社会发展

汽车快速普及步入汽车社会是中国消费升级和人民生活水平提高的一个必然趋势,发达国家进入汽车社会也曾面临同样的问题。因此,我们要积极应对社会相关问题为汽车产业发展提供了良好的契机。国家积极推动新能源汽车产业发展以应对能源和环境的问题,积极发展智能交通技术。它包括车联网的有关技术发展以解决部分交通问题。

(2)以经济手段取代与扩大内需相悖的限购措施

对于治堵绝不能采取"一刀切"的方式,各有关部门应在充分研究的基础上努力为汽车发展提供良好的发展环境。如打通道路微循环、设置单行路、架设高架桥,同时积极探索中心城区收费等制度,从而引导居民合理开车出行。除此之外,我们加强停车设施的建设管理,充分挖掘社会各方面的停车资源,并采用错时停车等方式提高停车场地利用效率。

(3)尽快建立"公交优先"城市运输体系

公交优先是目前世界上特大城市解决拥堵问题唯一的途径,更是未来城市交通发展的必由之路。实施"公交优先"看似与推动汽车消费的目标不一致,但由于能实现道路交通顺畅,反而会有利于推动汽车消费。"公交优先"内涵非常丰富,我们要从总体上规划整个城市的交通体系,大力发展公共汽车、地铁等公共交通设施,并且积极建设公共汽车快速通道、专用通道等。我们可以延伸公共汽车的通勤范围、提高公共汽车的通行速度、增强对乘客的吸引力,使其成为居民真正首选的交通工具。

(4)加快推广新能源汽车

加快推广新能源汽车政府正在从以下两个方面实施:一方面是正在鼓励汽车生产厂商积极开展技术创新,研发能耗低、污染少、成本小的新型汽车,并形成规模化优势;另一方面是尽快出台针对新能源汽车财税鼓励政策。它包括节能汽车减半征收车船税及对于新能源汽车实行免除现行限号行驶及牌照拍卖等,最终达到缓解能源消耗、降低空气污染的目的。

(5)加强对汽车消费者权益的保护

加强对汽车消费者权益的保护,我们应该认真细化和落实国家新近出台的《缺陷汽车产品召回管理条例》和《家用汽车产品修理、更换、退货责任规定》(即三包规定)。同时,我国正在不断借鉴发达国家经验,建立健全保护汽车消费者权益的相关法律措施。

（6）要加强宣传教育

我们要加强宣传教育、引导消费者节俭、适度、可持续的理性消费意识，树立科学的汽车消费观，从而自觉选用节能环保的小排量汽车。同时，我们要养成合理用车和爱护环境的良好习惯。在公共交通发达的地方尽可能多使用公共交通出行，这样既有助于环境保护，也有助于节省车辆使用成本。

## （三）完善汽车消费信贷法制环境

### ▶▶ 1.健全汽车消费信贷的配套法律法规

环顾国际，凡是消费信贷及汽车金融发达的国家或地区无不建立了健全的消费信贷政策法规。例如，日本还专门制定了单独的"分期付款销售法"，它对分期付款购车规定的十分详细。美国为推动消费信贷发展也制定了专门的消费信贷法律制度。此后，为促进消费信贷业务健康持续发展，美国又着力加强消费信贷法制环境建设。美国出台了《信贷机会平等法》保障了借款人不因性别、年龄等被银行拒贷；出台《诚实借贷法》保障借款人可充分了解各贷款条款内容，防止误读；出台《公平信贷报告法》，保障借款人可随时了解自身的资信状况；出台《破产法》有助于保护资不抵债借款人的生存，从而给予其东山再起的机会。这些法律法规的出台不仅较好的保护了借贷双方的利益，还保护了消费信贷业务的生态平衡。

因此，为了规范银行和客户之间的汽车消费信贷行为、解除客户对贷款购车的顾虑，我国正在充分借鉴美国等发达国家的先进经验加快研究制定具有国家法律法规性质的平衡。在《消费信贷条例》中，政府站在中立的角度，同时维护商业银行和借款人之间的利益由于汽车消费信贷有其特殊性。我国正在加快出台《汽车消费信贷条例》，消费信贷市场秩序。上述法律法规可以体现以下两方面内容：一方面是要体现保护消费者的正当权益，规范汽车防止受到不公平待遇如高利贷、非法催收等，同时也要确保那些确实无法偿还贷款的消费者可以解除债务负担；另一方面是也要体现维护商业银行等金融机构的正当权益，明确业务办理中金融机构办理消费信贷的相关操作流程，杜绝和严惩逃避债务的贷款人，从而维护金融机构的合法债权。

### ▶▶ 2.完善汽车评估与处置机制

随着我国汽车市场的不断扩大，车辆更新需求也越来越多，购买二手车的也越来越多。在客观上,我们应建立健全完善的二手车市场,建立科学公正的二手车评估制度,为二手车买卖搭建良好的流通平台。事实上,银行处置抵押车辆,也需要通过二手车市场来进行。因此,健全完善的二手车市场也是促进汽车消费信贷发展的重要方面。通过二手车市场,我们可以实现对抵押车辆价值的合理评估和有效处置,从而较好的维护银行权益,解除银行所担心的抵押车辆难处理的后顾之忧。此外,政府正在鼓励组建专门从事二手车买卖的公司,从而丰富汽车产业发展链条。通过更细致的产业分工,我们可以更好的促进汽车消费信贷发展。

# 第四章 我国居民对于房地产消费影响因素研究

## 第一节 我国房地产市场发展及房价波动特征研究

### 一、我国房地产市场的形成和发展

#### (一)我国房地产市场的发展阶段

近几年,我国房地产市场规模扩展迅速,房地产业已经逐渐成为拉动中国经济增长的龙头产业。但我国房地产开发商多以中小型规模企业为主。房地产行业的抗风险能力相对较差。而且在很大程度上,我国的房地产市场背离了房地产的价值规律。再加之国际金融和经济动荡对中国经济的影响使得房地产开发商受到了一定程度的挫伤。在计划经济体制下,城乡居民的住房实行由国家统一计划。统一投资建设,统一分配,国家只收取象征性的、近乎无偿使用的低租金的福利性住房制度。在这种制度下,城乡居民对住房没有所有权,住房也不具有商品的属性。住房的分配并不是通过价格机制,它往往是根据家庭结构、年龄、工龄、职位、已占用住房状况等因素进行,因而也不存在房地产市场。直到改革开放之后,随着住房制度的不断改革,住房才具有了商品的属性,而房地产市场也才逐步形成和发展起来。但与欧美发达国家经历了数百年发展历史的成熟的房地产市场相比,我国房地产市场的发展不仅刚刚起步,而且还伴随着住房体制改革的不断深入和一些重大的历史转折点,它的发展也呈现出阶段性的特征。因此,我们要分析房价波动对消费的影响就必须先了解我国房地产市场的发展历程。我国房地产市场的发展大致经历了以下三个阶段。

**》》 1.房地产市场的发育阶段(1978—1993 年)**

在房地产市场的发育阶段,它主要体现出以下两方面特点:一方面是理论层面提出了住房商品化和土地产权等观点;另一方面是在实践中,我国以公房提租和公房出售为主要形式的住房体制改革的试点和探索不断推进。到 1991 年,国务院先后批复了 24 个省市的房改总体方案。应该说,在这一时期,我国随着新建商品房销售、购买及存量房买卖和租赁活动的出现,其房地产价值开始有所显现。人们也逐渐形成了住房既是产品和资源,又是商品和资产的意识。但总的看来,这一时期住房的商品属性并不普遍,而房地产市场也只是处于发育阶段。

>> 2. 房地产市场的形成阶段(1994—2003 年)

在房地产市场的形成阶段,随着住房体制改革的不断深化,我国基本形成了以市场机制为主导的新的城乡住房制度。它具体体现在以下三个方面:一是在 1994 年,国务院发布的《关于深化城乡住房制度改革的决定》正式确立了住房制度改革的市场化方向,即建立规范化的房地产交易市场。我国针对不同的消费群体建立具有社会保障性的经济适用房供应体系和商品房供应体系。同时,我国还发展住房金融和住房保险及建立政策性和商业性并存的住房信贷体系。除此之外,我国还强调要通过公有住房的出售全面推进住房产权改革并不断引入市场机制,从而实现住房的商品化、社会化。这标志着房地产市场的初步形成。二是在 1998 年,国务院发布的《关于进一步深化城乡住房制度改革加快住房建设的通知》宣布停止住房实物分配并实行住房分配的货币化。这标志着旧的福利分房制度的彻底取消,住房实现了商品化、社会化和货币化。但由于它仍强调要建立以经济适用房为主的住房供应主体,因此距离真正的市场化仍有一段距离。三是在 2003 年,国务院发布的《关于促进房地产市场持续健康发展的通知》,不仅把房地产业定性为"促进消费、扩大内需、拉动投资增长、保持国民经济持续快速健康发展"的"国民经济的支柱产业",还提出让"多数家庭购买或承租普通商品住房""增加普通商品住房供应""提高其在市场供应中的比例"。这标志着住房供应环节中市场机制主导地位的确立。至此,我国以市场为主导的住房体制构建基本完成。住房领域实现了全面的市场化,住房的商品属性也得到完全的释放。

>> 3. 房地产市场的发展、调控阶段(2004—至今)

随着住房领域的全面市场化,住房市场进入了一个快速发展的阶段。在这一时期,居民拥有的住房资产的价值也通过住房市场不断得到充分的显现。为了促进住房价格的基本稳定和房地产业的健康发展,政府开始对房地产市场实施全面的宏观调控。面对房地产市场中出现的开发投资增长过快、销售价格上涨过快的现象,政府出台了一系列的房地产调控政策。这奠定了从土地、税收、信贷、市场监管等方面对房地产市场进行调控的基础。在 2008 年,我国受国际金融危机的影响,其商品房销售面积和销售价格出现了量价齐跌的局面,房地产市场陷入低迷。我国为刺激房地产市场的发展,政府推出了相应的购房优惠政策,如关于契税、印花税和土地增值税的税费优惠、关于"首套房贷款利率 7 折、首付 20％"的信贷优惠及央行的连续降息政策等。随着这些救市政策的实施,房地产市场逐渐回暖。商品房销售额和销售面积出现大幅上涨,其房价也出现了强势反弹。面对房价的过快上涨,国务院开始对房地产市场展开了一轮有史以来最为严格的调控,陆续出台了限贷、限购政策。

### (二)我国城乡居民住宅财富的快速增长

《国务院关于深化城乡住房制度改革的决定》的发布不仅开启了城乡住房商品化的大门,而且其最大意义在于通过向城乡职工出售原公有住房,从而推进了住房私有化的进程。之后,随着房地产市场的不断发展,住房的商品属性、资产属性才日益凸显,而住房也越来越成为城乡居民家庭财产最为重要的组成部分。根据清华大学中国金融研究中心对我国多个城市进行的抽样调研显示,房产已成为我国家庭资产构成中最主要的资产。

随着住房市场化改革的不断深入,我国城乡居民住房财富的增加大致经历了以下两个阶段:第一阶段是 1994—2003 年。这一时期的公房出售过程使城乡居民持有的住房资产大幅增加。由于公房出售可以看做是政府通过一次性交易把个人以前为单位服务所积累的"贡献、需求和资历"转换成对住房的部分所有权,它往往存在较大的购房折扣(许多购买者以低于市场价格约 15％的折扣买到公有住房)。因此,国家考虑到实际房租的迅速上涨,大部分职工都愿意接受这样的机会,这导致城乡住房自有率从 1994 年的近 30％迅速增加到 2003 年的 80.17％,人均居住面积由 1994 年的 15.7 m² 提高到 2003 年的 23.67 m²。这意味着住房已成为多数城乡家庭普遍持有的一种资产。在 1995 年和 2002 年,李实等基于中国社会科学院经济研究所收入分配课题组的调查数据进行研究。他们发现在 1995—2002 年期间公有住房的私有化过程使得城乡居民的住房财富急剧增加,人均房产价值增加了近 4 倍。在居民总资产中,住房资产的相对份额也从 1995 年的 44％提高到 2002 年的 64％,提高了 20 个百分点。

第二阶段是 2003—2019 年。随着住房领域的全面市场化,房地产业获得了快速的发展,不仅显著提高了居民的居住条件,使城乡人均住房建筑面积达到

$32.7\ m^2$,还带来了住房价格的快速上升,使城乡家庭的住房财富迅速增值。与住房资产的不断增加相伴随的是,住房在城乡居民中的分布也变得越来越不平均。从历史上看,计划体制下的福利住房分配由权利、身份、资历等因素主导,而房改初期的公房出售过程为了易于推行,居民默认了既有的住房资源分配的不平等,而随后的市场化进程中房价的快速上涨则会放大原有的住房财富的不平等程度。市场化本身也会使住房财富的差距不断扩大,具体体现在以下两个方面:一方面是大多数普通人面对高房价望而却步,他们无法改善住房条件;另一方面是大量高收入者却可能拥有两套、三套甚至好几套住房。房价的上升使得有房产的人可以进一步参与城市财富的增值,而低收入者根本很少拥有这样的机会。国家统计局"城乡住户大样本调查"的数据表明,家庭住房面积随着收入水平的提高而显著增加。其中,最低收入组家庭的单套住房平均建筑面积为 $67.8\ m^2$;中等收入组家庭的单套住房平均建筑面积为 $83.6\ m^2$;而最高收入组家庭的单套住房平均建筑面积为 $107.3\ m^2$。

## 二、我国住房价格水平与波动的特点

在市场经济下,商品房价格与一般商品的价格一样,都是由市场供求两方面的因素共同决定。一般来说,在供给不变的条件下,住房需求的增加会使住房价格上升,而住房需求的减少则会使其下降。反之,在住房需求不变的情况下,住房供给增加会使房地产价格下降,而住房供给的减少则会使其价格上升。但由于住房是一种特殊的商品,它具有生产周期长、位置固定等特性,这导致其供给在短期内往往缺乏弹性。因此,房价的短期波动就主要取决于需求。

住房作为商品兼具消费和投资的属性,这就决定了其需求可分为:消费性需求和投资性需求。消费性需求是完全出于居住目的的需求,投资性需求是将住房视为一种固定资产和投资手段、出于增值保值或合理避税为目的的需求。这二者共同构成了一定时期对住房的总需求。其中,由于住房的消费性需求主要受居民收入水平的制约,它是以消费者对居住服务的真实需求为支撑,因此,它会形成住房的基本或内在价值。住房的投资性需求是以赚取买卖差价为目的,因此,它主要受人们对未来房价的预期和可以动用的流动性资金的制约。在可以借贷的条件下,由于投资者能够动用的流动性资金量往往远远超过自身的财富水平。因此,只要未来房价看涨,经济中就可能产生大量的住房投资需求,从而推动房价不断上升。一旦当投资性需求在住房市场中占据主导地位,其过高的房价不仅会将消费性需求完全挤出。不仅如此,它还会呈现出严重脱离基本价值不断上升的趋势,从而产生价格泡沫。在我国,随着房地产市场的逐渐形成,住房价格的波动主要表现出以下的特征:一是总体房价水平不断上升;二是住房价格的波动存在较大的地区差异;三是较高的房价收入比。

可以看出,随着房价的持续上涨,不断上升的房价收入比预示着城乡居民的购房压力在不断增加,其住房支付能力在不断恶化。因此,这一时期旺盛的住房需求并不能单纯的由消费性需求来解释。住房的地域性特征又决定了不同省份的市场状态并不相同。对于东部一些经济较为发达的省份,过高的房价已大大脱离了普通城乡居民的购房承受能力。故在这些地区的房地产市场中,投资性需求占了较大的比例;而对于中西部地区的大多部分省份,房价收入比基本合理。因此,该地区主要是消费性需求推动了房价的上涨。

## 三、消费和房价关系的国内外研究现状

### (一)国外相关的文献

#### ➤➤ 1. 影响效果的计量

国外相关研究基本上都是以生命周期——持久性收入模型为基准模型来估计房地产财富效应的大小。从测度指标上看,我们有的采用对数形式估计房地产财富的消费弹性,有的采用差分或比值形式估计房地产财富的边际消费倾向;从研究数据看,我们可以利用以下两个数据来估计房地产财富的边际消费倾向:一个是宏观总量数据即时间序列数据和面板数据;另一个是微观数据。

从使用的计量方法看,基于总量时间序列数据的研究多是在协整的框架下进行实证分析,如 Mehra 在估计出消费、收入和财富间长期均衡关系的基础上,又运用误差修正模型分析变量之间短期的动态关系得出美国住房资产对消费存在显著的财富效应。进一步考虑到不同来源(永久性和暂时性)的住房财富的变动对消费的影响不同,Sousa 利用 VECM 模型对美国房地产财富的变动来源进行了区分。他发现尽管美国股票市场财富波动主要是暂时性变动,但非股票市场财富(包括房地产财富)的波动主要是永久性成分。Veirman&Dunstan 使用新西兰的数据也发现房地产财富的绝大多数变动都是永久性变动,它对消费有滞后影响。

在长期中,房地产净财富的消费弹性为 0.09;但考虑到经济结构中不稳定性因素的存在,部分学者放弃协整的分析方法。他们尝试了其他的分析方法,如 Stimel 直接利用 VAR 模型研究资产与消费间的动态关系。Carroll et al. 利用基于消费黏性的测度方法将住房财富对消费的影响分解为速度和强度两个维度进行估计。相关调查人员根据美国近两年的季度数据发现房地产财富的即期边际消费倾向很小,仅为 2 美分,而经过一段时间的平均累积值则可达到 9 美分。Slacalek 利用同样的方法对 16 个 DECD 国家的财富效应(包括住房财富)进行研究,他发现长期中平均累积的边际消费倾向为 1~5 美分。此外,Donihue&Avramenko 还运用门限误差修正模型(TECM)来检验房地产财富效应中非对称性的存在。

#### ▶▶ 2. 影响的异质性研究与分析

住房资产有如下特征:兼具消费品属性、资产增值收益的变现较为困难。人们往往会倾向于将其归入长期持有的"心理账户"或是作为身份和地位的象征为持有而持有,甚至出于担心子女未来面临更高的房价使生活质量下降,而存在较强的遗赠动机。这就导致房地产财富效应的大小会受房地产市场的发展程度、住房拥有率的高低、金融自由化程度、金融产品创新程度、家庭居住观念、消费观念等多方面因素的影响。在不同地区、不同时间段、不同人群间,房地产表现出较大的异质性。Catte 等对 10 个 DECD 国家住房财富的边际消费倾向进行估计后发现,房价对消费影响最大的是那些抵押市场非常活跃的国家。例如美国、英国、加拿大、澳大利亚及荷兰,其住房财富的长期边际消费倾向在 0.05~0.08 之间;而在日本、意大利等抵押市场不活跃的国家,这个值仅在 0.01~0.02 之间。在控制了利率、失业率和利差等因素后,Slacalek 对 16 个 DECD 国家的研究发现,1988 年以后住房价格对消费的影响不断增大。其中,英美等国家庭的消费对于住房价格的冲击反应比较强烈,其边际消费倾向的值在 0.04~0.06 之间;而在大多数欧洲大陆国家消费对于住房价格变化的反应要小得多,其边际消费倾向大概只有 0.01。Peltonen 等对 14 个新兴经济体国家住房财富效应进行估计。结果显示,拉丁美洲新兴经济体国家的住房财富效应较小,而亚洲新兴经济体国家近几年的住房财富效应则有实质性增长。尤其是对处于低收入水平和低金融发展水平的国家,住房的财富效应更重要。Ciarlone 对 17 个来自亚洲、中欧和东欧的发展中国家房地产财富效应进行分析,他发现中欧、东欧发展中国家房价波动对消费的影响要大于亚洲地区发展中国家的影响。Sung wo Cho 发现房价上升对高收入阶层消费的财富效应最显著。Khalifa 应用静态面板门槛模型,他发现中间收入区域的住房财富效应最明显。Haurin 等利用 SCF 与 NLSY 的数据进行研究,他却发现收入较高的家庭的房地产财富效应低于收入较低的家庭。

此外,考虑到消费者对不同消费品购买决策行为的差异及购房本身带来的引致效应的存在,一些研究还注意区分不同消费品支出对房价波动反应的不同。如 Bostic、Chen 等将总消费品支出区分为耐用品消费和非耐用品消费支出来分析它们对住房财富波动反应的差异。

### ▶▶ 3. 和金融资产财富效应的比较

早期,人们对于财富效应的研究并没有对比分析不同类型财富对消费影响效应的不同。但随着居民财富结构的日益多元化,人们越来越意识到金融资产和住房资产作为居民持有的两大类主要财富。它在资产的流动性、居民拥有资产的其他效用(比如拥有住宅享受住房服务,遗产动机等)、资产在不同收入阶层的分配格局、居民对不同资产价值变化的感知程度等方面,均存在诸多的差异。因此,这就导致消费对它们的波动会产生不同的反应。对此,一部分学者认为金融财富对消费的影响大于房地产财富对消费的影响。如 Dvornak&Kohler 对澳大利亚的研究发现,住房的边际消费倾向比股票市场低。其中,股票市场的边际消费倾向在 0.06~0.09 之间,而住房财富的 MPC 大约为 0.03;Veirman&Dunstan 对新西兰的研究也发现金融财富对消费的长期影响大于房地产财富的长期影响;Ludwig&Slok 利用 16 个 OECD 国家的季度数据和面板误差修正模型估算各国消费对于住房价格和股票市场价格的弹性。结果发现,消费对于股票市场价格的弹性为 0.025,并且在统计上是显著的;消费对住房价格的弹性为 0.018,并且这个结果在统计上是不显著的。相反的,还有相当数量的学者认为房地产财富对消费的影响大于金融财富对消费的影响。如 Case. Quigley&Shiller 对 OECD 国家的研究发现。尽管随着计量模型的不同估计结果有些差异,但它们都显示,住房价格对于消费具有巨大而显著的影响,而股票市场价格对于消费只有微弱的影响;Sousa 利用美国数据也得到了类似的结论。其中,金融财富的边际消费倾向为0.059,房地产财富的边际消费倾向为 0.145;Sierminska&Takhtamanoya 使用加拿大、芬兰、意大利的微观财富调查数据进行分析,也发现房地产财富的影响大于金融财富的影响。

### ▶▶ 4. 房价波动影响消费的传导方法

尽管部分学者认为,房价与居民消费表现出共同运动的轨迹可能是由于预期收入、利率、金融自由化等第三方因素在影响房价的同时也影响了消费所导致的，而并非存在因果关系。但 Poterba，Edison&Slok 也指出：在两者的相关性中，虽然我们无法排除这种非因果渠道的可能，但没有理由不相信财富的变动会引起消费的变动，且这种影响是不可忽视的。因此，多数研究都认为住房价格的波动能够通过居民拥有的房地产财富的变动影响消费支出。但他们考虑房地产财富具有与金融财富不一样的特性，因此其影响消费支出的传导渠道可能也不同于金融市场。

对此，国外学者就房价波动对消费的影响渠道进行了不同的划分。Ludwing&Slok 认为房地产价格或财富主要通过以下四条渠道影响消费：一是住房所有者已实现的财富效应；二是住房所有者未实现的财富效应；三是对住房所有者的流动性约束影响；四是对租户的预算约束影响；五是欲购买新住房家庭的替代效应。Carroll 等将房产财富对消费支出的影响渠道分为以下四种：一是统计影响，即有的消费统计量直接包含房价指标，房价变动通过统计指标直接导致消费变动；二是流动性影响；三是抵押约束；四是财富，即在不同部门或群体间分布的影响。Paiella 将房价和金融资产价格与消费支出呈现出同步运动趋势的原因归为以下三种原因：一是直接的财富效应，即资产价格上涨通过提高预算约束从而增加了消费意愿；二是共同宏观经济因素，即某一共同因素同时使资产价格和消费支出做出变动。如人们预期的未来收入、放松借贷约束的金融市场自由化等第三方因素；三是借贷约束效应，即资产价格变动特别是房价变动会通过放松或收紧借贷约束来影响消费。Benito 等将房地产对消费支出的传导渠道归结为直接的财富效应、抵押或流动性约束效应、缓冲储备或预防性储蓄效应、分布效应和由购房行为所产生的派生效应等五种传导渠道。

在实证检验中，研究者常通过对不同组别家庭住户的消费行为进行分析来有效区分不同的传导渠道。如 Bostic et al.，Calcagnoet 等利用美国和意大利的住户微观调查数据进行检验均发现利年老住户对房地产财富变动的消费反应明显的大于年轻者的反应，从而支持了直接财富效应传导渠道的存在。学者孙国成基于高收入阶层的住房持有量一般要大于低收入阶层。他利用韩国不同收入阶层的面板数据分析了房价上升对不同收入阶层居民的影响效应，并发现虽然房价上升对总量消费的影响并不明显。但是，房价上升对高收入阶层却表现出显著的正财富效应，从而也验证了直接财富效应渠道的结论。Campbell&Cocco 利用英国的微观家庭数据将房价的波动区分为可预见的变动和不可预见的变动来分离住房价格影响消费的财富效应和抵押效应。他发现未预料到的房价变动对老年住户的影响最大,而预料到的房价波动对年老住户和年轻住户的影响没有显著的差异。这说明除财富效应外,抵押效应也是房价影响消费的重要渠道。Phang 利用新加坡的总量数据并借鉴了 Shea 关于流动性约束的检验方法。他发现预料到的房价上升对消费的影响既不显著,且与预料到的房价下降对消费的影响相比也没有表现出明显的差异。由此,他得出抵押效应不存在的结论。Chen 等将居民信贷情况分为受约束和不受约束的两个区制。他利用 Hansen 的门限模型进行估计发现:在受限区值预期到的房价变动对耐用消费品消费支出的影响明显增强,这说明在房价波动时,居民的消费行为与抵押效应的描述是一致的。Lustig&Nieuwerbrg 利用美国的州际面板数据发现在住房抵押率较低的地区和时间段,居民消费对当期收入的敏感度明显增强,这也从另一个侧面支持了抵押效应的假设。Skinner 利用美国的微观数据检验了房价波动对居民储蓄的影响。房价每上升 1 美元,年轻住户的储蓄会减少 1~2 美分;而年老住户的消费没有表现出明显的增加,他们中只有那些遭受了意外冲击的一小部分年老住户提取了住房资产的收益。Skinner 认为这是由于年轻住户相对年长者具备更快增长的永久收入。因此,当面对财富的正向冲击时,年轻住户会以住房财富作为缓冲储备,从而减少储蓄来增加消费。Lehnert 的检验研究也表明年轻住户房产财富的平均边际消费倾向为最高。这说明房产财富确实是作为一种财务上的缓冲储备发挥着作用。甘运用香港住户的面板数据对居民的房产财富和消费行为进行了研究。他发现无流动性约束的住户其消费对房产财富变动反应是显著的,而高杠杆率住户对房产财富变动的反应不显著。这说明抵押效应不是房产财富影响消费的主要渠道,缓冲储备效应才是房价冲击下推动消费变化的主要原因。另外,甘还将消费支出按照可自由支配程度进行分类并对不同类别的消费对房价波动的反应进行了比较。他发现可自由支配支出的反应更为显著,也从另一个侧面验证了缓冲储备渠道的存在。

## (二)国内相关资料

>> 1. 房价波动对居民消费产生影响的实证分析

目前,我国房价与消费关系的实证分析基本上都是围绕生命周期——持久收入假说展开。研究人员通过研究消费、收入、住房财富之间的关系来研究房价上涨对消费的影响。但由于他们采用的计量方法不同、选取的样本数据不同,其导致得到的结论也大不相同。他们认为我国房地产财富效应微弱、显著为正和显著为负的都有。

(1)房价上升对居民消费有显著的财富效应

周建军、鞠方选取全国城乡居民收入、消费及房地产价格指数的季度数据并运用协整和误差修正模型发现房地产表现出显著的财富效应。宋勃和王子龙、许箫迪和徐浩然分别利用全国房地产价格和居民消费支出的季度数据建立误差纠正模型进行 Granger 因果检验,他们发现房地产价格与居民消费存在 Granger 因果关系。无论从长期还是短期分析,房屋价格变动都会对居民消费带来财富效应。王柏杰构建了一个包含习惯形成(habit formation)的消费函数,他利用我国的省际面板数据并运用工具变量法考察了房地产财富对消费长短期效应。黄静、屠美曾利用家庭微观调查数据对我国居民房地产财富与消费之间的关系进行研究。房地产财富效应的弹性系数为 0.08~0.12,即住房财富每增加 1%,耐用消费品增长 0.08%~0.12%。

(2)房价上升对居民消费影响微弱

黄平利用全国社会消费品零售总额、城乡居民人均可支配收入和全国房地产销售价格指数的季度数据对我国房地产价格和居民消费关系进行了协整分析。结果表明,房地产价格变动 1%,其消费支出变动 0.036%,财富效应微弱。林霞和姜洋利用京、津、沪、渝四个直辖市的城乡居民面板数据,采用固定效应模型检验了房地产价格变动对消费的影响,其结果是房地产财富效应几乎为零。杜冰利用城乡居民的季度数据均得出房地产价格上涨对消费影响不显著的结论。

(3)房价上升对居民消费有抑制作用

张存涛通过协整分析和误差修正模型对中国房地产的财富效应进行实证分析,得到的结论是房地产价格对消费有显著的抑制作用。在生命周期假说的基础上,刘旦利用数据进行研究发现住宅资产对城乡居民消费的影响比较显著,住宅价格上升对城乡居民消费支出产生了挤出效应。高春亮和周晓艳以 34 个城市为样本,使用面板误差纠正模型进行估计得出价格上涨引致的财富增加,它不是促进而是挤出了消费支出。杜莉利用我国 172 个地级城市的面板数据也发现房价上升抑制了居民消费。谭政勋利用数据进行分位数回归发现随着房地产价格的急剧上涨,其所带来的财富效应逐渐转化为房地产泡沫的挤出效应。在 Hansen

面板门槛模型中,陈健和高波基利用30个省的面板数据进行了房地产财富效应的非线性检验。他们发现,总体上房价上涨会抑制消费,并且随着房价增长率和收入增长率的变化房价上涨对消费的抑制程度是不同的。基于一个房价与消费的两阶段模型,况伟大使用GMM估计方法考察了房价变动对居民住房消费和非住房消费变动的影响。结论显示,房价上涨对住房消费与非住房消费的影响为负。

可以看出,这些研究大部分是利用全国总体宏观数据。在协整的框架下,利用误差修正模型来进行分析。在研究方法、指标选择上并不存在太大差异的情况下,最终得出的结论却差异巨大。究其原因可能是因为单方程的误差协整分析总是先验性的假定财富是外生的,因而无法如实地描述房价与消费间的动态变化关系,也无法识别住房资产变动的来源,从而影响了对协整分析结果的解释。另外,样本区间的选择上有较大的随意性,他们没有考虑到可能存在的结构突变及协整关系的不稳定性,从而导致实证结果的可靠性有待检验。最后,在模型的设定和估计方法的选择上,他们很少考虑房价和消费之间双向因果关系带来的内生性偏差及是否存在重要变量的遗漏问题。这可能会导致研究结论稳健性不佳。虽也有一些学者利用微观数据或者其他的计量方法来分析房地产财富效应,但总的看来在实证方法上仍较单一。

#### ▶▶ 2. 房价波动对居民消费的影响机制

目前,我国有关房价波动对消费影响机制的分析基本上都是借鉴国外学者的相关研究。我们仅停留描述性分析层面,缺乏相应的实证检验。如在LC-PIH(持久收入—生命周期假说)的分析框架下,刘建江阐述了房地产价格波动通过财富效应影响居民消费的过程。房价上升会通过直接增加房产所有者的财富水平扩大消费;还会通过增强房地产所有者的消费信心,从而影响短期边际消费倾向来增加消费。在消费信贷发达的情况下,房价上升还会通过增加房地产持有人的资产组合价值为更多的消费信贷提供基础来推动消费增长。乌仔丽萍认为房地产价格的波动不仅影响人们出售其资产的收益,还会影响人们用其作为抵押进行消费融资和消费信贷的额度从而影响其消费支出。同时,作为可以为居民提供居住服务的消费品,房价的波动还意味着居民居住支出的变化。宋勃、周建军、欧阳立鹏认为房价的波动主要通过住房所有者已兑现的财富效应、住房所有者未兑现的财富效应、住房所有者的流动性约束效应、租房者的预算约束效应和欲购买新住房家庭的替代效应这五条渠道影响消费。黄静、屠美曾进一步指出,由于房地产市场是宏观经济的先行指标,其价格的趋势性变动往往反映了未来收入预期与价格预期的变动趋势。因此,房价的上涨还会通过信心效应拉动消费。邓婕、张玉新将信贷传导机制引入 LC−PIH 的消费分析框架。他们证明了房价上升可以通过放松流动性约束和促进跨期消费替代效应来间接地影响消费。谭政勋认为由于住房资产在人群中的分布是不均匀的,这就导致了当房地产价格发生变动时会带来财富的转移和重新分配。因此,房价上涨对消费究竟是表现为财富效应还是挤出效应,其关键在于房价上涨所带来的财富重新分配效应是否进一步拉大了贫富差距。冯涛、王宗道和赵会玉将房地产价格波动影响居民消费的渠道归纳为以下四种:一是消费支出和房地产财富同为居民效用函数的一部分,房地产价格自然会影响居民的消费支出;二是通过影响预期影响消费;三是通过影响居民借贷从而影响居民的消费规划;四是房地产价格的波动带来的宏观政策的调整对居民消费的影响。

总的看来,目前,我国就消费与房价关系的研究仍较为粗糙。从研究结论看,主要体现在已有的研究并没有就房地产价格波动对消费的影响程度和大小形成一致的、公认的结论;从研究视角看,现有研究基本局限于房价变化是否影响居民消费这个问题上,我们较少进一步探讨房价变化对居民消费的影响在时间上的动态性,而这对宏观经济政策的制定是非常重要的;从研究层面看,现有研究主要集中在房价波动对消费影响的总量检验上,我们较少分析总量背后存在的结构性差异:空间上的、不同收入阶层间的、不同消费类别间的,这对于政府制定差别化的房地产调控政策尤为重要;最后,从研究深度看,我们对房地产价格波动是如何影响消费的及其影响渠道问题既缺乏理论上的分析也没有相应的实证检验,这导致我们仍无法把握究竟房价波动对居民的消费行为带来怎样的影响。

# 第二节 收入差距及住房攀比对住房需求和家庭消费的影响

## 一、收入差距对住房需求的影响

作为一种特殊商品,住房兼具消费和投资属性(消费性和投资性需求)。住房投资性需求和房价波动之间关系复杂,两者相互影响。房价的上涨会给居民的投资行为带来净利润收益,而这种收益又会进行再次投资。住房具有价值昂贵、价值透明和可见性等特点,使其从理论上具备了作为地位性商品的必要条件。但是,现实中究竟住房是否是典型的地位性商品,这仍有待检验。如果住房是地位性商品,则收入差距才可能通过住房攀比来影响住房需求。但是,究竟收入差距通过住房攀比对住房需求产生多大规模的影响,我们仍需进一步实证分析。

## (一)住房的地位性检验方式

一般认为,社会地位是由职业、教育水平和收入决定的。但是在现实中,由于信息不对称性和高地位的直接与间接收益导致人们通过提高地位性商品支出进行地位寻求。地位性商品在不同的文化背景和经济发展阶段中内容不同。在我国当前背景下,住房是否与地位有关、能否将住房认为是典型的地位性商品;住房面积与住房价值哪个指标更具有地位象征性;这些问题需要检验住房水平与地位的相关性进行验证。

### ≫ 1.检验思路与方法

(1)检验思路

地位性商品是社会地位的象征,故住房成为地位性商品的前提条件是社会地位高的家庭。住房水平高,社会地位等级与住房水平相关。如果住房是典型的地位性商品,则住房水平影响居民对社会地位的自我感知。社会地位的自我感知,也称为主观社会地位。它是个体通过评估自己在社会中暴露的收入、财富、职业、教育水平、权利、威望等信息对自身社会地位的综合评价。住房是当前我国居民财富构成中的最大项目。因住房又具有可见性,故个体的主观社会地位可能受住房水平的影响。我们可以通过检验社会地位与住房水平的相关性及主观社会地位是否受住房水平的影响来检验住房地位性的强弱。

(2)检验方法

社会地位是等级排序变量,我们计算社会地位与住房水平的相关系数应将住房水平也转化为与社会地位相匹配的等级排序变量,并采用常用的等级相关系数斯皮尔曼等级相关系数(Spearman's rank correlation coefficients)反映二者相关性的强弱。

住房水平对主观社会地位影响是否显著,我们可以通过构建影响因素回归模型进行检验。作为被解释变量的主观社会地位是排序变量,如果我们使用 OLS 回归会将被解释变量视为基数,这将会导致估计量不一致的后果。因此,我们应该选择适用于被解释变量是排序变量场合的有序 Probit 模型进行估计。有序 Probit 模型与诸多受限因变量模型类似,它们均是使用潜变量法推导出极大自然估计量。

**》》 2. 数据与变量说明**

（1）数据

数据来源是北京大学中国社会调查中心提供的中国家庭追踪调查(CFPS)数据,该数据与其他常用的微观数据相比,涵盖的经济和社会层面的指标更加全面。它包括社区库、家庭经济库、成人库、少儿库及家庭成员关系库等各种层面的经济和社会指标。此外,由于它是追踪调查数据,我们可以通过对比过去和当前的指标发现数据录入错误,其数据准确性更高。

（2）变量说明

社会地位的量化指标主要有以下两种:一种是客观社会经济地位,以下我们对它简称"客观地位"。客观地位主要由收入、职业和受教育程度等指标来衡量;另一种是主观社会地位,以下我们对它简称"主观地位",即社会成员自我感知的社会地位等级。客观地位作为衡量社会地位的指标忽略了一些社会因素,主观地位作为衡量社会地位的指标则掺杂了一些主观因素,二者各有优缺点。检验住房的地位性使用家庭主观地位还是个人主观地位更合适呢？我们考虑到住房是家庭成员共有的财产,不属于个人所有,如果住房是地位性商品则其与家庭的社会地位相关性应该更强。故此处,社会地位指标使用的是户主对家庭社会地位的估计值。CFPS 中没有明确指出各家庭的户主是谁,但是给出了家庭主事者。它用家庭主事者作为户主,个别户主缺失值,其使用最熟悉的家庭财务者代替。

住房水平可用现住房建筑面积和现住房现值两个指标反映,它可分别检验面积与地位及价值与地位的相关程度和影响关系强弱以便得知人们到底认为大房子重要还是贵房子重要的结论,在为后面研究住房攀比时,我们用住房面积还是住房价值更加合理提供依据。住房面积使用家庭现住房建筑面积在其居住县(区)的等级反映。现住房如果是家庭成员拥有或者家庭成员部分拥有则认为是该家庭拥有住房,否则视为家庭不拥有住房。不拥有住房的家庭,其住房面积等级赋值为 0,这表示最低级住房面积等级。拥有住房家庭的住房面积等级的赋值方法与消费等级的赋值方法一致，我们以 30％和 70％分位数为分组临界点并采用上组限不在内原则。住房价值水平使用家庭现住房现值在其所居住县（区）的等级反映，住房价值等级的赋值方法与住房面积等级的赋值方法一致。汽车水平采用汽车现值等级反映。住房水平和消费水平的区域差异较大。我们考虑到社会地位评估一般是以地理距离临近为原则。为保持住房和消费等级划分与社会地位评估参照范围一致，我们采用县（区）为等级划分区域单位。因为汽车等级高低全国范围内的划分标准基本一致，故汽车等级划分没有采取以县（区）为区域单位，而是将所有城乡调查户所拥有的汽车现值进行等级赋值。

### （二）住房水平的定义及影响因素分析

低收入组以中等收入组住房水平为参照组水平，中等收入组以高等收入组为参照组水平。中高收入组住房水平是全社会住房水平的风向标，它引领全社会住房水平发展的趋势。我们根据理论分析存在住房攀比，这会导致收入差距正向影响住房水平。

由于住房价值比住房面积更能决定社会地位，购房决策者进行购房决策时会受到参照组住房水平的影响。参照组住房水平的界定对研究住房攀比至关重要。在实证研究中，我们对参照组水平的定义方法是多样的。通常我们是以某类具有相同特征的人群的攀比指标平均水平作为参照组水平，比如以相同年龄人群平均水平、相同职业人群平均水平、相邻地理区域内的平均水平等作为参照组水平。住房攀比的目的是想展示较高的收入水平，故参照组住房水平应该是高收入阶层的住房水平，也就是攀比遵循向上攀比原则。住房攀比还有一个特点是与邻近地域的住房水平进行攀比。故在选择参照组住房水平时，我们还应该考虑邻近地域原则。本着向上攀比和邻近地域原则及上一节研究得出的攀比内容更倾向于住房价值的特点，我们应该将参照组住房水平设定为邻近区域内高于自身收入组住房价值平均水平。

中、低收入组购房以高、中收入组住房价值作为参照组水平。中、高收入组的住房价值平均水平影响因素主要有总平均收入水平、收入差距水平和房价。总体收入水平越高，人们的购买力越强，他们的住房支出总体偏高，自然中、高收入组的住房水平也偏高。在总体平均收入水平相同时，他们的收入差距越大，中、高收入组的收入水平越高，其住房水平也就越高。在控制总平均收入水平和收入差距水平时，他们的房价水平越高，住房支出越高，中、高收入组的住房价值也就越高。

## 二、住房攀比对家庭消费影响分析

### (一)潜在购房家庭的识别

潜在购房家庭是指有计划未来购房的家庭,由于有购房意愿的家庭,他们会以参照组住房水平作为购房支出影响因素。他们消费才可能受到参照组住房水平影响,如果没有购房意愿,则短期内家庭的消费自然不会受参照组住房水平的影响。我们可以将潜在购房家庭和非潜在购房家庭混合在一起,研究住房攀比对消费的影响显然会影响模型估计效果。因此,潜在购房家庭的识别,它是更加精细化研究住房攀比对家庭消费影响的前提。

**➤➤ 1. 识别的思路**

潜在购房家庭,也就是有购房动机的家庭,其特点一般是与其经济实力比,其住房水平已经显得落后了。它表现为其住房价值相对收入和财富水平来说较低或者无房。有无购房动机难以直接测度,但是可以测度购房动机的强弱。我们可以将购房动机较强的家庭定义为潜在购房家庭,将购房动机较弱的家庭定义为非潜在购房家庭。我们可以用住房价值相对高低作为识别潜在购房家庭的依据,即现实中,住房价值与家庭客观经济实力相比偏大的家庭可被认为是非潜在购房家庭;反之,他们被认为是潜在购房家庭。由于,不同地区房价不同。房价是除了客观经济实力外,还影响住房价值的一个非地位性因素。因此,在对不同地区家庭的住房价值相对高低进行测度时,我们除了需要考虑家庭客观经济实力相当外,还要保证房价水平相当。比如,两个家庭客观经济条件相当,但是一个位于甲地另一个位于乙地,前者房价是后者的两倍。他们之间即使不存在地位寻求,位于甲地的家庭住房价值也很可能大于乙地。

测度住房价值相对高低的方法设计要符合这样的规律,即在客观经济实力和房价水平相当的家庭中,住房价值越大则购房动机越弱或者是房价和购房支出水平相当的家庭中,客观经济实力最弱的购房动机越弱。所以测度地位寻求强度有以下两种思路:一种是先找出客观经济实力和面临的房价水平相当的家庭中,住房价值最大的家庭就是购房动机最小的家庭以其作为对比基准,再得出其他家庭的住房价值相对高低,进而得到购房动机强弱;另一种是先找出住房价值水平相当的家庭中,房价和经济实力最弱的家庭。该家庭是购房动机最弱的家庭以其作为对比基准,再得出其他家庭的住房价值相对高低和购房动机强弱。

### ➤➤ 2.识别的方法

测度住房价值相对高低的关键在于如何对由多个指标代表的家庭客观经济条件和房价进行比较,它多指标综合评价法可以完成这一任务。但是,我们要进一步完成客观经济条件和房价的匹配、购房支出大小的比较及住房价值相对高低的计算还是比较复杂的。事实上,住房价值相对高低的测度思路与生产效率测度非常相似。家庭客观经济条件和房价相当于是投入,住房价值是产出。住房价值相对高低刚好是投入产出效率的高低,如果我们能够将生产效率测度方法灵活地应用于此处,显然会使住房价值相对高低测度简单化、程序化、科学化。

生产效率测度方法可以分为参数方法和非参数方法。参数方法最典型的是随机前沿模型,非参数方法则以数据包络分析(data envelopment analysis,以下简称"DEA")模型为代表。DEA模型的优点是它不需要对生产函数形式进行先验设定,从而避免设定误差。因此,近年来,它被广泛应用于生产效率测度及类似于生产效率测度的各研究领域。

DEA模型的原理是通过求解带约束的线性规划寻找每个单元的有效前沿面,我们可以通过对比各单元实际产出或实际投入与前沿面产出或投入水平的距离来确定各单元的效率。常用的模型形式有CCR模型和BCC模型。其中,BCC模型是最经典的形式。BCC模型有投入导向和产出导向之分。投入导向是假定产出一定的时候,它是通过对比实际投入与既定产出水平最有效的投入的距离来确定效率值。产出导向则是假定投入一定的时候,它通过对比实际产出与既定投入水平最有效的产出的距离来确定效率值。BCC模型也有规模报酬可变和不变之分。规模报酬可变是指寻找各单元的随机前沿面时,它应该在规模与其相当的单元中寻找。因为规模报酬可变意味着,不同规模的单元效率是不可比的。规模报酬假定不变则没有此限制,我们认为规模不影响效率。在假定规模报酬可变的情况下,投入导向和产出导向计算的效率值是不同的。因此在实际应用时,DEA模型选用规模报酬可变模型需要根据实际情况确定使用投入导向还是产出导向模型。

关于我们使用投入导向还是产出导向,选择规模报酬可变还是不可变是根据具体研究内容确定的。我们选用DEA模型要测度的是购房的地位寻求强度。如果选择投入导向模型,其实际含义是通过比较住房价值水平相同的家庭中,谁的经济实力弱且面临的房价平均水平低,谁的住房价值相对越高;如果选择产出导向模型,其实际含义是通过比较面临的住房均价和客观经济实力均相当的家庭中,谁的住房价值大,谁的住房价值相对就越高。两种模型从理论上来讲是对偶的,但是实际含义还是不同的。投入导向模型认为住房支出是外生的,它是不可调控的。住房均价和客观经济实力是可操纵的,其产出导向模型则相反。我们可以认为住房均价和客观经济实力是外生的,其住房价值是可操控的。我们对于研究住房价值相对高低来讲,显然产出导向模型更加符合研究的本意。

通常来讲,经济实力不同的家庭对住房地位性的重视可能不同。比如,经济实力很强的家庭可能对住房地位性反倒不是给予很强的重视,其住房价值较高是地位的自然展现。严格来讲,我们面临的住房均价水平不同的家庭住房价值相对高低也不具有可比性。故我们应该选用规模报酬可变的 DEA 模型更加适合住房价值相对高低测度,即认为不同房价水平和客观经济实力家庭的住房价值相对高低不可比。

### (二)住房攀比对于消费总量影响

存在住房攀比的消费模型主要受参照组消费水平、持久收入水平、期初资产、当期和预期参照组住房水平及收入差距水平的影响。此外,在理论模型构建时,人们没有考虑到家庭的异质性。故在实证研究理论模型中,各解释变量对被解释变量的影响还需要加入一些影响家庭消费的家庭个体特征控制变量。

### (三)群模型估计

面板数据模型的基本假定之一是个体的扰动项之间是独立的,但是 CFPS 采用的调查方式决定了这个基本假定无法得到满足。CFPS 是以社区为单位进行分群抽样,它意味着受访家庭有一些是来自同一个社区的。居住在同一个社区的家庭,其消费模式难免会相互影响。由此,这将导致消费模型的随机扰动项可能不满足相互独立的假定。此外,即使在用于整理数据的初始数据基础已经控制为追踪调查数据。但是在整理数据时,我们会遇到大量数据缺失问题,最终还是会导致得到的面板数据是非均衡面板的结果。为解决这两个问题,我们应该参照杭斌、修磊的处理方法使用群模型进行估计。群模型是将具有某种共同特征的个体作为一个"群"，它允许群内个体的观测值相关，而不允许群之间的个体观测值相关。

在使用群模型进行估计时，它仍然存在选择固定效应还是随机效应问题。我们使用固定效应模型的目的是将无法观测到的个体效应使用各种办法抵消掉，从而避免内生解释变量带来的参数估计不一致问题。如果数据条件支持在模型中加入各种个体效应变量，则使用固定效应模型就无法得到几乎不随时间变化而变化的个体特征变量对被解释变量的影响。所以，在控制了足够的个体特征变量时，我们使用随机效应模型能够得出更有价值的结论。

# 第三节　房价波动对城乡居民消费的影响

## 一、房价波动对于消费的影响

### （一）财富效应对居民的影响

房子是我国家庭最有价值的资产，房价上涨和居民消费不足在我国同时并存。由财富效应的分析可以看出，房屋持有者能否顺畅的获得或者说变现房产增值所带来的收益是决定房价上升所带来的财富效应能否实现的关键因素。否则，房价的上涨只能使居民的账面财富增加，而不能真正提高其一生可支配资源进而增加消费。而通过房地产市场的交易来实现增值收益，它往往会受到交易方式选择、交易市场成熟程度及信息的畅通性等因素的影响。一般来说，房地产市场发展的越成熟，其住房资产的流动性就越强。拥有住房的家庭就越容易通过住房租赁和交易来获得住房资本利得，房价上升就越会通过财富效应促进消费的增长。

住房财产具有如下三个特点：一是地理位置的固定性令住房资产表现出较大的异质性和独特性，因而其变现过程复杂、资产的流动性较低；二是房屋转让往往伴随着高额交易成本（如较高幅度的税率）的发生；三是居民持有住房更多地是为了满足自住需求，这就导致即使存在完善的房屋交易市场，住房拥有者也往往很难甚至不愿通过住房实体交易（更替到面积更小或者是地理位置更偏更便宜的住宅）来提取房价上涨时的资本利得。在这种情况下，住房资产收益的可获得性就主要取决于消费者能否从金融市场上容易的、低成本的获得住房权益增值抵押贷款,从而将固化在房产上的财富释放出来。一般,信贷市场越发达程度、信贷产品越丰富,其住房财富就越容易转化为消费支出。房价上升对居民消费的财富效应就越显著。

从财产功能上看,由于人们一般认为住房资产的价值变动具有持久性,因而往往将其归入长期持有的"心理账户"或者受心理因素、传统文化的影响。他们认为住房是家庭地位、身份和财富的象征,而选择为持有而持有。甚至由于他们担心子女未来面临更高的房价导致生活质量下降,而倾向于把房产或者增加的财富留给后代。这些都会导致即使经济中出现住房价格上涨。人们也不会主动的或轻易的去变现其房产增值收益来增加消费,从而致使房价上升对消费的财富效应会被削弱。

由此可以看出,住房资产收益变现的难度及住房资产特殊的财产功能都意味着现实中,房价上升引起的财富效应可能并不像 LC-PIH 模型描述的那样明显。

### (二)挤出效应对居民的影响

住房作为一种资产与普通的金融资产(债券、股票等)相比有很大的不同,它同时兼具消费品的属性。它承担着向消费者提供住房服务的功能。因此,房价波动不仅会对住房持有者产生影响还会对无房者产生影响。股票、债券等价格的变化一般认为只对资产持有者产生影响,而对不持有这类资产的消费者是没有影响的。

我们考虑到住房的消费属性将总资产分为住房资产和金融资产两种。住房的消费属性决定了房价上升会带来负的收入效应(挤出效应),这就削弱了其价格上升时住房作为资产所能带来的财富效应的大小。若假定家庭拥有住房,其消费量也没有发生变化。同时,我们可以忽略掉利率对住房消费服务的影响,则房价上升对消费的影响虽仍为正向的,但其效果要小于金融资产价格变化时的影响效果。而在更一般的情况下,房价上升对总消费的影响效果主要取决于家庭住房资产的持有量及其目前对住房的需求状况,即住房持有量。

房价上涨和未来意愿的住房服务需求量之间的关系具体表现为以下四个方面:一是如果家庭是首次购房者,则房价上涨不仅不存在财富效应还会带来负的收入效应,从而降低其消费水平;二是如果家庭虽拥有住房但准备在未来改善现有的居住条件,则房价上升即使现有住房升值了,但由于未来更换住房需要支付更多的住房支出,因此也不会促使其消费水平增加;三是如果家庭准备长期居住在某一居所,那么升高的房价仅仅补偿掉了未来更高的租房成本。因此,房价上升的财富效应在很大程度上都将被收入效应抵消掉,即使能促进消费也很微弱;四是只有那些准备更换小面积住房或者有多套住房准备出售其中部分住房的家庭,房价上涨带来的住房资产的增值收益才真正为其提高消费水平提供了资金来源。

因此,房价上升财富效应的产生不仅是以家庭拥有住房为前提。从总量上看,房价上升财富效应的大小会受住房持有量大于、等于和小于其意愿住房需求量的家庭在总人群中所占比重的影响。一般,持有住房资产的家庭的比重越高,房价上升的财富效应就越明显。他们准备在未来增加住房持有量的家庭的比重越高。房价上升对消费的挤出效应就越明显,房价上升对消费的最终影响效果就取决于财富效应和挤出效应的相对强弱。如果财富效应力度大于挤出效应力度,则房价上升对消费的影响表现为促进作用;反之,它则表现为抑制作用。

由此可以看出,住房资产的消费属性、住房资产收益变现的难度及住房资产特殊的财产功能都意味着现实中房价上升对消费的影响很难单纯从理论上对其做出判断。这就需要利用实证方法对其进行具体的检验。同时,房价上升对消费的影响往往会受住房拥有率的高低、人们对住房的需求强度、住房资产的流动性程度、金融市场的自由化水平、抵押信贷市场的发展程度、人口年龄结构甚至文化传统等多方面因素的影响。在不同时期、不同地区、不同居民之间,它们表现出较大的差异。

## 二、房价波动对消费影响的动态特点

### (一)有关资产波动的来源

Lettau 和 Ludvigson 认为根据 LC－PIH 模型,理性的消费者总是依据他预期的一生资源来做出消费决策。因此若资产发生了持久性的增加,它会带来消费水平的持续性增加;若资产的增加只是暂时性的,它对消费的影响将是微乎其微的且不具有持续性。这说明资产波动的来源不同,它对消费的影响程度和影响的时间特征也是不同的。当现实生活中不同时期资产波动的来源发生变化时,居民消费对其的响应自然也会发生变化。故长期来看,资产对消费的影响就不像 LC－PIH 模型描述的那样稳定。我们不能如实地描述资产变动对消费的动态影响过程,这不仅导致估计结果可能存在失真,而且也会令我们最终可能会做出错误的判断。

为此,Lettau 和 Ludvigson 从消费者受到的跨期预算约束出发,在不附加任何偏好信息的条件下,他证明了只要消费者是理性的,其消费、收入和资产间就会存在长期的均衡关系。在协整的框架下,他为分析研究资产与消费间的长期关系提供了坚实的理论基础。

根据格兰杰协整定理,如果变量间是协整的,那么均衡的任何偏离都是暂时的。在系统中,至少有一个变量会对上期的偏离进行修正。Lettau and Ludvigson 认为,由于现实中消费者的偏好结构总是复杂的、多样的,我们过多的限制只会降低模型或结论的适用性。并且,现实消费与资产间往往互为因果。因此,我们应遵循"让数据说话"的原则,放宽约束条件。假设消费、收入和财富都是内生的,这些约束条件都可能在短期中参与均衡的恢复。在此基础上,我们可以利用系统的方法通过联立方程构建向量误差修正模型 VECM 来进行分析短期中消费、收入与资产间的相互作用,从而考察资产波动对消费的影响。若消费误差修正项的系数值显著且持续的影响,则说明任何系统的外生冲击(包括资产的冲击)的响应速度越快;若消费误差修正项的系数值不显著,并不意味着资产的波动对消费没有影响。只不过这时消费对于资产的持久性波动就像 LC-PIH 模型描述的那样,在同期瞬时做出了响应。而资产误差修正项的系数值则向我们传递了有关资产变动来源的信息。若其显著,则说明资产会对均衡的偏离进行修正,即资产的波动表现出一定的均值恢复性。同时,它对均衡偏离修正的趋势越强就越意味着资产波动中暂时性波动的比例越高。根据持久收入假说,资产的暂时变动不会对消费产生影响。因此即便这时消费误差修正项的系数值显著,也意味着协整分析中得到的长期边际消费倾向会高估资产波动对消费的实际影响。由此看来,通过基于 VECM 模型的分析,我们不仅可以对资产变动的来源进行识别,还能够清晰的了解资产波动影响消费的时间特征,从而就资产波动对消费的实际影响有个准确的评估。

Lettau and Ludvigson 利用 VECM 对美国二战后消费、收入和资产间的关系进行研究发现,当系统遭受冲击发生偏离,这是资产的变动而不是消费的变动对均衡的偏离进行修正。这说明资产的波动大部分是暂时的。因此,Mehra,Davis,Palumbo 等人利用消费的单方程误差修正模型进行分析得到的财富效应的估计值。实际上,他们高估了资产波动对消费的实际影响,而且从时间特征上看,资产波动并没有在长期中对消费波动产生持续的影响。它仅在短期会影响消费的波动,另外,Fernandez－Corugedo 等对英国,Pichette and Tremblay 对加拿大,Veirman and Dunstan 对新西兰,Chen 对瑞典,Fisher Otto and Voss 对澳大利亚也都得到了类似的结论。这是资产而不是消费具有误差纠正行为,这说明先验性的假定财富是外生的往往并不符合现实。而传统的基于单方程误差修正模型的分析方法正是由于先验性的假定财富与收入都是外生的。在整个系统中,我们只有消费参与均衡的调整而忽略了收入与财富对均衡调整的可能。因此,这不仅会导致消费误差修正系数的估计有偏差,而且即使估计是正确的,它也易受模型设定偏误的影响而不能精确地刻画出遭受冲击时整个系统重新恢复均衡所需要的时间,从而使我们就财富效应的大小和时间特征做出错误的判断。

根据 Lettau 和 Ludvigson 的分析,可以看出,消费者对于住房资产而言,其房价波动的来源不同会影响其对消费作用的时间特征,从而影响最终的作用效果。因此,在实证分析中,我们应该首先要识别房价波动的来源,然后才能准确的估计出其对消费的影响。

### (二)居民跨期消费行为的特点

Carroll 认为虽然 Lettau 和 Ludvigson 的基于预算约束的理论模型证明了取对数后的消费、收入和资产间存在着长期的均衡关系。这一结论成立所依赖的前提条件是稳态时不同资产在总资产中所占的份额恒定不变是非常严格的。在现实中不断变化的经济环境中,许多宏观经济变量(利率、生产率增长率、人口增长率、金融市场、社会保险制度等)的冲击随时都有可能打破这一假定前提,这将导致这一均衡关系不存在或是发生结构突变。因此,资产波动对消费的影响也就具有明显的不稳定性。在这种情况下,我们再利用协整的分析框架来研究资产波动对消费的动态影响,其有效性就会大大降低,甚至是不适用的。

于是,Carroll 放弃了这种基于总量消费函数的分析思路,转而借鉴 Hall 的方法。在欧拉方程的研究范式内,我们认为资产波动对消费的影响过程依赖于消费者的行为特征。若消费行为服从随机游走过程,即消费增长是不可预测的。当受到外在冲击时,完全理性的消费者会迅速的调整消费以达到持久收入水平,他们不会出现任何的滞后。这时,资产波动对消费的影响就与 LC－PIH 模型描述的财富效应的完美模式一致。

但大量的经验研究却表明,总量消费增长并不是不可预测的。预期到的收入增长、滞后的消费增长、滞后的消费者信心指数都能预测或解释未来的消费增长，即消费表现出一系列的"过度敏感性"。对此，Sommer 和 Carroll 认为这些消费过度敏感的现象都可以归结为是由消费行为中的跨期依赖或者说黏性（惰性）造成的。这时，消费行为的跨期依赖性使消费变化与过去的信息不再正交，从而表现出各种过度敏感。

导致消费行为具有跨期依赖性的原因很多，Fuhrer，Chetty and Szeidl 和 Sommer 从偏好跨期不可分的角度出发将习惯形成引入消费行为研究中。他们认为正是由于习惯的存在使消费对外在冲击的调整不会瞬时完成，而是呈现出跨期依赖的演进特征。而 Carroll，Slacalek 和 Reis 则从信息不完全的角度利用预期调整的迟缓（inattentiveness）来解释消费的黏性，也得到了类似的消费动态方程。这时从微观层面看单个消费者的消费增长仍可能是不可预测的，这与一些学者利用微观数据没有发现消费习惯存在的经验研究相符。

Carroll 认为不管哪种解释更合理，只要消费行为具有跨期依赖性就表明资产波动对消费的影响不会瞬间完成。这时资产变动对消费的影响效果就不仅仅取决于其对消费的暂时影响的强弱，还取决于一段时间内其对消费的累积影响的大小。因此，为了完整的刻画资产波动对消费的动态影响，Carroll 结合消费增长的动态演变规律提出了一种新的财富效应的测度方法将财富效应分解为速度和强度两个维度来进行分析。其中，我们衡量了消费对资产波动的响应速度，其值越大，则意味着消费的调整越缓慢。在此基础上，根据资产波动对消费的当期影响系数，我们可以利用等比数列求和可推出资产波动最终对消费的影响强度。我们可以结合消费增长的动态演变规律来分析资产波动对消费的影响方式，并在此基础上提出了一种新的财富效应的测度方法。

根据 Carroll 的分析，可以看出是消费行为本身的特征决定了房价波动对消费影响的动态特征。因此在实证分析中，我们首先应该要识别居民自身消费行为的特征，然后，我们才能准确的估计出房价波动对消费的影响。

## 三、房价波动对居民消费传导渠道的影响

根据生命周期——持久收入（Life Cycle Permanent income hypothesis，LC—PIH）模型对财富效应的分析。当房价上涨房地产财富增加时，由于消费者可利用的资源总量增加导致总体预算约束提高。因此消费者的消费意愿增强，其消费支出增加。具体表现为，消费者可以出售房产获得其增值收益从而增加消费，也

可以减少用来平滑消费的生命周期储蓄而增加消费。显然,这里的传导机制是建立在消费者能自由借贷,且没有不确定性的基础上的,它是非常直接的。因此,我们把这一房价波动影响消费的传导渠道称为直接财富效应渠道。

但是在现实中,消费者的消费选择并不总是在这样一个完美的环境下做出的。大量的消费者可能面临着流动性约束,而住房作为优质的抵押品,他们利用其抵押进行担保的借贷不仅比无担保借贷便宜,而且由于可以很好地解决信息不对称的问题还能降低交易成本。因此,房价上升会提高抵押品的价值使银行更乐于以住房抵押进行放贷。这就会放松房屋持有者面临的流动性约束,从而增加其消费。我们把这一房价波动影响消费的传导渠道称为流动性约束渠道(效应)。通过该渠道,住房价格的上涨可以提高面临流动性约束的消费者平滑消费的能力使他们能够将未来消费的增长提前到当期,从而导致当期消费的增加。从这个意义上讲,流动性约束渠道并不像直接财富效应渠道那样带来的是整个生命周期内消费的持久增长,它只是改变了消费的时间路径。因此,它带来的是一种短期的消费增长。

当把不确定性引入 LC−PIH 的分析框架时,我们可以发现风险厌恶的消费者为了避免未来不确定性导致的消费水平的急剧下降会进行生命周期储蓄以外的储蓄,即预防性储蓄。在这种情况下,如果房地产财富可以起到一种缓冲储备或预防性储蓄的作用(此时它与消费者其他预防性储蓄之间存在互补关系)。那么当房价上涨房地产财富增加时,居民就会相应减少其他形式的预防性储蓄,从而引起当期消费支出的增加。这意味着,房价波动可以通过对预防性储蓄的影响来影响消费支出。我们把这一房价波动影响消费的传导渠道称为预防性储蓄渠道。从对消费影响的时间特征上看,它与流动性约束渠道一样。它不会影响整个生命周期内的持久消费,只是改变了消费的时间路径即当期消费和未来消费的配置。因此,它带来的也是一种短期的消费增长。

在现实中,当房价变动,房地产财富发生变化时,它会通过以下三种渠道来影响消费,即直接的财富效应渠道、流动性约束渠道和预防性储蓄渠道。此外,由于居民购买住房后,他们为了装修、居住往往会购买建材、家具、家电等消费品,从而引起与住房相关的一些派生性消费支出的增加。所以如果房价的上升伴随以住房交易量的增加,它还会通过这种派生效应引起消费支出的波动。从对消费影响的时间特征上看,它与缓冲储备渠道、流动性约束渠道一样也是一种短期的影响。因此,我们观察到的和估计到的房价波动对消费的影响效应实际上是这些影响混杂在一起的结果,它是一种宽泛的或广义的财富效应。

## 四、关于政策建议

在住房财富不断增加的背景下,住房价格的波动确实已开始成为影响居民消费决策的一个不可忽视的因素。但由于我国住房市场中同时并存着巨大的潜在住房需求和过度的投资需求且金融市场不完善、信贷市场不发达和受传统观念的影响,这导致总体上看住房财富的增加并未使居民的消费行为发生根本性的转变。它只是在一定程度上降低了消费对当期收入的敏感度,而预期收入依然是决定居民消费支出的关键因素。因此,在扩大内需的背景下,我们针对促进居民消费增长长效机制的建立、针对房地产市场的调控可以提出以下四点政策建议。

### (一)稳定房价

房价上升虽然对城乡居民消费的影响在长期中表现为财富效应,但它主要是通过预防性储蓄渠道起作用,而且短期内房价的上升还会对消费产生显著的抑制作用。因此,我们试图通过抬高房价使得住房财富增值来促进居民消费,进而带动经济增长的宏观经济调控政策根本是不可行的。国家扩大消费需求、释放居民消费潜力的关键是稳步提升居民的预期收入水平。目前,较高的房价虽然在短期内对居民的消费产生了显著地挤出效应,但这并不意味着让房价降下来是房价调控应追求的目标。因为,住房已成为城乡居民普遍持有的一种资产。在很大程度上,它还扮演着缓冲储备的职能,其价值的贬值不仅会造成家庭财富、收入水平下降及资产负债状况的恶化。同时,它还会增强居民的谨慎动机,加大居民面临的流动性约束,从而使消费水平下降。因此,理性的房价调控思路应是稳定房价及避免房价的大起大落。因为,稳定的房价可以使居民形成稳定的财富预期从而有利于财富效应的发挥。住房价格趋稳有利于购房者合理安排其购房计划,购房者避免因担心房价的非理性上涨而选择提前购房所带来的对其他消费支出的挤出。由于消费对房价冲击的响应不是平滑的而是波动式的,因此平稳的房价有助于缓解消费需求的波动及促进经济的稳定增长,从而提高居民的福利水平。

### (二)提高居民收入并对住房需求进行合理的引导

在合理的满足居民住房需求的同时,国家正在降低其对消费支出的挤出效应。由于目前较高的房价导致购房成本过高,在居民仍然拥有巨大的潜在的住房需求的情况下,其势必会在短期内对其消费产生显著的抑制作用。因此,为降低住房需求对消费支出的挤出效应,同时实现社会公义让每个人都有至少最低的居住水平,我们合理的房地产调控思路应是提高居民收入及区别对待城乡居民的住房需求。它具体表现为以下两个方面:一方面要强调住房的居住功能,通过实施差别化的信贷政策、完善住房持有环节的税收政策来严格控制投资、投机性需求;另一方面增加普通商品住房的供给,对于那些具备条件的居民鼓励其通过自住型购房来改善其居住环境增强其居住的舒适性,从而提高生活质量。对于低收入者、工作年限较短的居民家庭的住房消费需求则通过大力发展包括公租房、廉租房在内的住房保障体系来予以满足以避免购房需求对其产生的持续的抑制,从而使低收入阶层的消费需求得以释放。这样不仅可以抑制房价的过快上涨促使房价稳定,还可以促进财富效应的发挥并能合理的满足住房需求,从而更好地解决中国的住房问题。

### (三)建立健全消费金融创新机制

为使庞大的住房财富真正的转变为可供居民用来消费的流动性,我们应在大力活跃存量房交易市场的同时建立健全以住房资产为载体的消费金融创新机制。虽然城乡居民住房财富的规模在不断扩大且已成为家庭资产构成中的重要组成部分,但由于我国住房资产流动性不强、金融市场不完善、信贷市场不发达导致住房财富在很大程度上只是一种账面财富,它并没有为居民消费潜力的释放提供支撑。因此,从构建促进居民消费增长的长效机制的角度来看,我们要想充分发挥住房的财富效应就需要增强住房资产收益的可获得性。它具体体现在以下两个方面:一方面要大力活跃存量房(二手房)交易市场、规范房屋租赁市场。在保障城乡居民合理财产性收入的同时增强住房资产的流动性;另一方面建立健全以住房资产为载体的消费金融创新机制,通过金融工具的创新使居民逐渐拥有可以不出售资产就能获得财富净值的住房价值转换产品,从而将固化在房产上的财富释放出来。

### (四)分类调控

房地产的调控应针对不同地区实施差别化的战略进行分类调控。我国不仅房地产市场的发展程度、房价的波动情况在不同地区间差别较大,而且房价波动对居民消费的影响也存在显著的地区差异。这就说明一刀切式的住房政策是不可能解决我国住房市场中存在的问题的。在扩大内需的背景下,政府正在根据不同地区住房市场发展的特点制定更有针对性的差别化政策对住房市场实行分类调控。如政府对高房价地区继续加大调控的力度让房价回归合理的区间以避免高房价对居民消费的持续的抑制作用;对中等房价地区应放缓房价的上涨速度保持房地产市场的平稳发展;对低房价地区应鼓励合理的住房需求,从而推进房地产市场的健康发展。

# 第五章 社会保障下对农村居民消费的影响

## 第一节 中国农村居民消费存在的问题及现状

消费需求是进行再生产的最终目的和新的出发点,我们进行投资和发展进出口贸易也是为了扩大消费。如果我国出现消费需求不足的问题即使高投资会带来高产出,但同时也会引致结构性通货膨胀,而且新增的投资难以及时被市场消化造成产能过剩和库存增加。通货紧缩随之而来,这样就引发了一轮又一轮通货膨胀和通货紧缩交替出现的经济波动,从而加剧了宏观经济运行的不稳定性。进出口贸易由于易受汇率因素和国际经济形势变动的影响,其波动性比较大。我国即使短期内以大量净出口弥补了一部分消费需求不足导致的内需不足,然而当国际经济出现危机或发生动荡时,其出口贸易需求的剧烈下滑会造成产出的大幅下降,最终加剧国内经济波动。同时,从长期来看,没有任何一个国家永远保持贸易顺差或者贸易逆差。因此,我们依靠出口驱动经济增长这种模式也难以为继。

居民消费需求是总消费的重要组成部分。在我国经济长期快速增长的背景下,普通居民消费能力并没有实现与之相匹配的提升,其消费倾向呈不断下降的趋势。国有企业改革、农村土地改革、住房和医疗、教育制度改革等一系列加快市场化进程的改革使中国居民面临更大的风险。如城乡就业"铁饭碗"逐渐被劳动合同取代;人们面临着更大的失业风险;劳动合同短期化增加了居民收入的不确定性;住房制度的改革及深化加重了居民支出负担;城乡化进程中农民工就业保障机制的不健全增加了个人收入的不确定性预期;城乡教育、医疗、养老等支出的骤增加剧了人们支出的不确定性等。这些不确定性因素使居民更倾向于增加储蓄以备未来不时之需。

### 一、我国农村居民消费存在的问题

虽然,国际金融危机对消费产生了负面的影响。但是中国作为第一农业大国,我国的农村消费仍然呈现增长的态势。自20世纪90年代以来,我国农村居民的生活水准有了显著的提高。我国的消费水平不断增长,其消费结构逐渐升级。然而无可否认的是,作为有着较大潜力的消费群体,农村居民的消费依然存在很多问题。它与城乡居民的消费差距也在不断拉大。

目前,中国农村居民消费存在的问题主要是有以下四点:一是尽管农村居民有着较大的消费潜力,但农民的收入总体偏低,其消费能力较弱;二是农村居民的收入水平和消费水平相对城乡居民来说偏低;三是农村居民的消费结构不尽合理、消费优化升级缓慢;四是农村地区与居民消费配套的基础设施薄弱,其消费环境较差。

### (一)农村居民整体消费能力不强

在中国,农村人口占全国人口总数的三分之二左右,而农民总消费量只有全国的三分之一。消费总量与人口比重的不对称性从某种程度说明了尽管农村市场是有着巨大消费潜力的市场。但就目前来看,农村消费增长缓慢仍然是重要难题之一。我们鉴于在各种关于消费的统计指标中,消费品零售总额是表现某个国家或地区消费需求最直接的数据。接下来,我们将以农村地区消费品零售总额为例来说明我国农村居民消费能力较弱。

城乡收入差距和消费差距持续扩大相对于城乡居民,农村居民的收入水平与消费水平都比较低。较大的城乡收入差距和消费差距不但加剧了城乡经济结构二元化,更使农民变得相对贫困、幸福感相对较低。从整体上看,农村地区人均收入和消费水平都落后于城乡居民十几年。在短时期内,城乡之间的这种差距仍然会持续下去。

### (二)农民消费结构不合理、升级相对缓慢

自改革开放以来,我国农村居民仍然以满足吃、穿、住等方面的生存消费性为主,其发展型消费和享受型消费占总生活消费比重相对较低。随着我国经济的迅速发展和农民收入的逐渐增长,衣、食、住等方面的基本支出占农村居民生活总支出的份额逐渐减少。同时,我国农村居民对交通和通讯、医疗保健等具有发展型特征的消费越来越重视,而农民对文化娱乐、家庭设备及用品等享受型消费支出则表现出先上升、再下降的趋势。尽管我国农村居民家庭的生存性消费比重有所下降,其发展型消费和享受型消费占农民生活消费支出比重相对上升。但就目前

来看,中国农村居民进行消费的主要目的仍然是满足最基本的生存需要,其消费层次仍然比较低。在一年的生活消费支出中,农民有一半以上用于满足最基本的生存需要。他们发展型消费只有生存型消费的三分之一左右,而享受型消费支出只有生存型消费的四分之一左右。综上所述,对我国农村居民来说,生存型消费依然占据主导位置,其消费层次依然很低。

### (三)农村消费基础设施薄弱及消费环境较差

消费设施的建设是人们进行消费的前提。由于我国农村基础设施投入相对不足,部分地区的农民购置家电等耐用品、实现饮水安全和顺利出行、享受娱乐服务等都比较困难。这些问题严重制约了农村地区消费增长和消费结构优化升级。例如,尽管我国某些地区的农村居民有对彩电、冰箱、空调等家电消费的能力和需求,但电力设施的匮乏和相关公共服务的落后会在某种程度上遏制这种消费需求的增长。根据农业普查提供的统计资料,我国饮水困难的建设村多达11.6万个,其涉及约11 054.3万农村居民。到目前为止,农村地区仍然有约2%的村庄没有通电,约6%的农村没有安装电话。由于农村生活基础设施的薄弱,农民对有关通信、水、电、气、网络等商品的消费受到了抑制。冰箱、空调、洗衣机、计算机等耐用品设备和摩托车、小汽车等交通工具在农村的普及率远远落后于城乡。

我国农村居民所处的消费环境较差,特别是市场环境相对落后。它具体体现在以下两个方面:一方面是商品流通渠道过于狭窄。目前,农村仍然主要依靠集贸市场这样的初级市场实现交换而集贸市场存在着规模较小、服务范围狭窄、经营分散。农村所提供的家庭耐用品质量保证度不高、维修费用较高等种种问题,同时农村新型商业网点又非常少,其售后服务跟不上及新、旧商品流通市场同时存在着很大的弊端,这大大削减了农民购买耐用品的消费热情;另一方面是农村缺乏有效、完善的监管机制。农村市场秩序比较紊乱,其大量以假充真、以次充好的廉价生活用品、食品、药品、家电等充斥市场。再加上,农民辨别真伪能力和质量意识不够强,他们销假售次的行为越发猖獗。即使我们发现商品质量存在问题时,农户由于缺乏维权意识或有效的维权途径也只好尽量采取"能忍则忍、下次不再买"的态度消极应对。

## 二、对农村消费现状的分析

### （一）农民消费存在的特点

在标准的消费者效用最大化模型中，个体效用函数取决于当期消费水平，而且在时间上是可分的。然而经济学者很快意识到个人的效用不仅取决于当前消费，还要受自身历史消费和社会平均消费水平的制约。这两种影响因素被称为内部消费习惯（棘轮效应）和外部消费习惯（示范效应）。内部习惯会诱发个人消费因循守旧和对风险厌恶的程度增加，外部习惯会诱使个人表现出从众、攀比他人的消费行为。由于内部习惯和外部习惯的存在，个人偏好不再具有时间可分性。它们主要从以下两个方面对消费者产生影响：一方面是消费习惯通过影响个人偏好，进而影响代表性消费者的风险规避程度。习惯存量越高，其消费的边际效用的变化就越大，个人风险规避程度就越高；另一方面是消费习惯的引入使传统的个人效用最大化模型中增加了一个状态变量，这个缓慢调整的状态变量导致外生冲击对未来消费可能产生持续的影响。

我国农村居民的消费行为带有明显的习惯特征，它主要体现在以下两个方面：一方面是农村居民受传统崇俭抑奢观念的影响，他们固守着量入为出的准则以求保持稳定的生活，并竭力避免着因一时的纵情花费造成长时间手头拮据。农民的消费保持着较为长期稳定的内部惯性。尽管保持长久以来的消费习惯可以增强消费者自身抵御风险的能力。特别是，在中国转型经济过程中伴随着不确定性和系统风险的背景下，消费的内部惯性为农民提供了比预防性动机更加强大的缓冲。然而从心理学角度来看，人们保持几乎不变的消费会使人感到厌烦，这不利于幸福感的提升；另一方面是随着改革开放的不断深化和经济的快速增长，新的消费方式层出不穷，同时新的消费观念也在不断涌现。非理性的攀比和示范效应逐渐开始膨胀，加上人们普遍存在的从众心理。这就造成了农民不再是"需要什么消费什么"，而是"别人买了什么，我就是省吃俭用也必须要买到什么"。这种非良性攀比和示范效应主要表现在对大件耐用品的消费和婚丧嫁娶的"面子工程"等方面。如别人买了空调、微波炉或小汽车，如果自己不买就显得落后、寒酸，甚至会被嘲笑和鄙视；对子女婚事和对老人丧事的操办，农民更是为了"面子工程"大操大办。他们之间互相攀比，不甘落后。他们为了应付这些数额较大的未来消费支出,大多数农村居民不得不节俭度日、抑制当期消费需求。在某种程度上,消费行为的内部习惯特征和外部习惯特征都会抑制我国农民当期消费增长,这不利于农村居民生活质量的提高和幸福感的提升。

### (二)城乡收入差距的扩大化对增加农村消费不利

收入分配影响居民消费的机制最早由温特劳布进行了详细的阐述。他认为,收入较高者的平均消费倾向相对较低,收入较低者的平均消费倾向相对较高。就整个社会来看,高收入者占的比重又相对较小。如果城乡收入出现收入分配差距扩大化,财富过于集中分布在少数高收入者之中,那么全社会的平均消费倾向就会相应下降,这就会造成总的有效需求不足。

随着我国改革开放的不断深入和经济的迅速增长,人们的收入水平逐渐增加,生活水平也在不断提高。与此同时,我国收入分配格局发生了巨大的变化。城乡之间、城乡内部、农村内部居民收入差距呈不断扩大的趋势。尽管从某种程度上来看,城乡收入差距的扩大是资源优化配置的具体体现并能促进经济效率和经济效益的提高。然而,随着我国市场经济体制在分配领域发挥着越来越重要的作用。居民收入差距,尤其是城乡居民收入差距呈全面扩大的趋势。如果我们再将城乡居民比农村居民享受更多的医疗、失业、养老、住房等福利待遇,那么城乡居民的实际收入至少是农村居民收入的四倍以上。而根据世界银行的报告资料显示,三十多个中等收入的国家城乡收入差距均低于1.5倍。我国城乡收入差距持续扩大化使资源和财富集中在城市,农村地区的居民变得相对贫困和落后。

在扩大内需是目前我国转变经济增长方式之重点的背景下,占国内人口七成多的农村居民是增加消费的巨大潜在动力。如果我们能适当调整城乡居民收入分配格局及实现更多资源流向相对匮乏的农村地区,这样不但能有效缩小城乡消费差距还能有效促进中国消费和经济增长的良性循环。

### (三)制约着农民消费增长的首要因素是收入

从凯恩斯(Keynes)的绝对收入假说到杜森贝利(Duesenberry)的相对收入假说再到莫迪利安尼(Modigliani)和弗里德曼(Friedman)的生命周期——持久收入

假说,最后到坎贝尔和曼昆(Campbell and Mankiw)的λ假说。无论是绝对收入、相对收入还是持久收入决定论,其共同点无不是在强调收入对消费的决定作用。在我国,收入同样是农村居民消费的最核心的因素。目前,我国农村居民面临的重要难题之一是增收困难。无论从收入水平还是从收入增长角度来看,农村地区都相对缓慢。农村较低的收入水平、较慢的增长速度都制约着我国农村居民消费水平的提高与消费结构的升级。

### (四)消费和社会保障体制完善程度密切相关

改革开放以来,在我国重城乡、轻农村的发展战略下,城乡二元结构逐渐出现并扩大化。在这样的二元经济结构下,农村居民在很长一段时间被排斥在社会保障体系之外。农民除了能受到有限的扶贫救济和乡镇集体给予五保户的保障外,他们几乎不能得到其他任何社会保障。随着家庭联产承包责任制的确立和在全国范围内推广,其集体经济和集体经济下的农村合作医疗保障制度逐渐瓦解。我国农民不得不以土地为依托,还要依靠自己积累财富建立以依靠家庭为主的保障方式。同时,城乡社会保障体制却得到了前所未有的发展和完善。自20世纪90年代末到21世纪初,我国已基本建立了有关失业、医疗和养老的城乡社会保障体系。预防性储蓄理论认为,一个没有享受社会保障的家庭比一个与其同等收入水平、享受社会福利待遇的家庭进行储蓄的倾向更高、持有资产的欲望更强烈。因为,相对于享受社会保障的家庭未参保家庭往往会在教育、医疗、养老等方面的支出面临更多的不确定性和更大的风险。为了应对未来可能产生的意外和疾病,风险厌恶的消费者有必要进行额外的储蓄以防止未来消费水平急剧下降维持生活的稳定。社会保障体制的缺失是导致我国农村居民家庭消费持续低迷的重要原因。

随着我国经济的快速增长,城乡二元结构已经成为经济与社会持续发展的阻碍。统筹城乡经济和社会发展已成为我国21世纪的主要任务之一,加上农村社会养老保险、最低生活保障等制度的试点并逐步推广,我国农村社会保障在很大程度上得到了改善。同样,它也存在种种问题,例如人均社会保障水平较低及农民满意度普遍不高等,进一步完善社会保障体制使更多的农民享受更多的社保权益还有很长的路要走。

# 第二节　影响中国农村居民消费的机理分析

## 一、影响农村居民消费的收入增长效应——社会保障

### (一)农村劳动力转移与土地经营权流转

农村土地规模经营与农村劳动力转移是发展农村生产力和提高农民生活水平的两项重要措施,农村土地规模化经营在很大程度上促进了农村劳动力转移。农村劳动力转移对农村土地规模化经营也有着积极的作用,而二者之间的关系也不完全是积极的正相关的,有时也是相互排斥的。农村劳动力转移与土地经营权流转是促进农民收入增长的重要途径。"农业的根本出路在于现代化",农业现代化是农民收入增长的必要条件,也是农业发展的必然趋势。我们可以用现代生产要素替代传统生产要素打破传统"小而全"的生产经营方式来实现开放式、集约式生产经营,这是农业生产率提高的唯一途径。农业生产工业化和农产品深加工是实现农村经济发展,农民收入增加的必然选择。而这一切都离不开农村劳动力转移和土地经营权流转。

农业劳动生产率低是我国传统农业落后于现代工业,农村经济发展落后的主要原因。当前,我国农业生产还主要采取劳动密集型生产方式,农村农业技术落后,生产效益低。我国不仅工业化发展程度较低,其农业劳动生产率与世界相比差距更大,从而影响了农村经济的发展。

传统"小而全"的农业耕种方式是农业劳动生产率低的根源。我国的家庭联产承包责任制赋予农民极大的经营自主权、完全的剩余索取权及支配权,这极大地调动了农民积极性。同时,它也有效解决了劳动激励不足和劳动监督等问题,促进了改革初期我国农村经济的快速发展、缩小了城乡差距。除此之外,也形成了我国超小规模、高度分散的"小而全"的家庭经营格局。以自给自足为主要目的的小规模农户经营是与自然经济相适应的生产经营方式,它缺乏市场意识和生产经营管理意识,其专业化、商品化水平较低,也缺乏引入现代生产要素和不断扩大生产经营规模的内在动力和能力。随着工业化和城乡化的发展,这种方式越来越暴露出与市场经济条件下农业发展的不相容性。它不仅限制了农业生产率的提

高,也阻碍了农民收入的增长,从而造成了城乡差距的不断扩大。

我国正在积极发展家庭农场和企业化农场,这可以实现农业产业化。这是解决农业专业化程度差、农业生产率低、农民收入增长缓慢的重要途径。家庭农场和企业化农场以市场需求为导向,以获得利润为主要目标,以集中经营、专业化农业管理人才资源优势为基础进行专业化、商品化生产经营和管理。他们不断引入现代生产要素,不断扩大并追求最优生产经营规模能够在市场上表现出谈判能力和竞争优势。农业企业化可以全方位提高农业微观经营主体的生产经营效率和效益,这是农业微观经营组织创新的必然选择。

人们对农产品深加工实现农业工业化,这是促进农村经济发展、农民收入增加的重要途径。随着生活质量的不断改善,人们对简单生存品的需求日益减少。享受和发展型生活方式逐步占住人们生活的主流地位。人们对农产品的需求也与对工业产品需求一样,他们越来越表现出个性化和多样化的发展趋势。人们对农产品进行深加工既能满足人们对来自农业的消费品日益多样化和个性化的发展要求,也能解决单纯的农业耕种品附加值低,农民增收难等问题。

农村劳动力转移是促进农地流转集中,也是实现农业产业化的前提。农业先进技术显著提高了粮食产量;同时,随着社会发展,生活水平提高,人们对粮食的需求日益减少。人口增长趋缓及对粮食需求的减少使粮食种植收入增长越来越困难。要增加甚至维持农业人员收入,我们必须要减少农业从业人口。随着工业化的发展,城乡化程度逐步提高。它推动了可耕农用地的持续减少,也成为推动农村劳动力向非农产业转移的决定性因素。刘易斯认为,发展中国家经济一元化的过程,其实际上就是农村剩余劳动力转移的过程。农村剩余劳动力的流动不仅能带来农业收入的提高和农业的进步,还能通过现代部门的资本积累吸纳农业剩余劳动力又促进了现代工业的发展。

土地经营权流转是解放农业发展桎梏,它是促进农民收入增长的必要条件。实行农户土地流转集中有利于解决农村人地矛盾和耕地抛荒问题;有利于农村土地规模化、机械化生产,促进农业产业化的发展;有利于农业生产者增加对土地的整改投资及提高土地利用率;农业产业化发展有利于促进农业生产结构调整和推动农业技术进步。

### (二)社会保障不完善对农村劳动力转移的影响

农民收入增加不管是来自农业产业还是非农产业都离不开农村劳动力转移。

我国建立健全的农村社会保障体系能有效解除农村居民参与劳动力转移的后顾之忧，同时加快农村劳动力向非农产业转移。

目前，我国城乡劳动力市场是一个三元状态的市场各不同层次的劳动力市场。劳动力市场用工主体不同，社会保障制度的完善程度差别很大。第一层次的城乡保护性劳动力市场的用工主体多为国家机关、事业单位及部分垄断性行业，它有较完善的养老、医疗、失业等社会保障制度，但也有较严格的准入制度和对劳动力较高的素质要求。它是全部就业者的首选。位于第二层次的城乡竞争性劳动力市场又可以分为主要劳动力市场和次要劳动力市场两个层次。其中，主要劳动力市场能提供较为丰厚的工资待遇，其社会保障制度也已经基本完善。虽然它是一个真正开放性的劳动力市场，但对劳动力个人素质要求较高。城乡竞争性次要劳动力市场用工主体则多为一些规模较小的个体私营企业或原属集体改制后形成的效益较差的小企业。它以劳动力投入为主，产品附加值低，其经营管理制度不规范。它对国家法律法规和政策制度的执行不严格，员工社会保障欠缺，同时对从业人员素质要求也较低。而第三层次的农村劳动力市场又可以分为农村非农业劳动力市场和处于最低端的农业劳动力市场。

我国劳动力转移存在着一个层级转移规律，每一个处于较低层次劳动力市场的人员不断向上一个层次的劳动力市场转移。我国劳动力以相对提高其自身收入或人生价值，其跨级转移极难。农村一般劳动力转移主要流向城乡次要竞争性劳动力市场，其单时工资低、劳动时间长、劳动强度大，他们的养老、医疗、工伤、失业保障不足。并且，由于就业不稳定，单位更换频繁，农村转移劳动力参与城乡职工保险在具体操作上存在许多困难，其参与意愿不足。农民个人多采取家庭养老和土地保障的形式，土地和农村家庭成为他们的最后保障。所以，现阶段我国的农村劳动力转移大多具有"离乡不离土、进城不居城、打工不就业"的特点。如果国家让农民（工）在自己的原居地参加保险，则他们既可以避免保险费缴纳和领取上的许多不便，还可以保障社会保障参与的持续性，从而打消他们的疑虑心理增加农民参与社会保险的积极性。据调查，在"新农保"试点中，农村转移劳动力本身都有参与社会保险的意愿。其中，大多数人尤其愿意回家乡参加"新农保"。由此可见，现行的农村社会保障体系还存在许多问题和不足，它不利于农村剩余劳动力的转移。因此，我国正在完善现行农村社会保障体系、改善管理制度及简化农民参加社会保险的入、续、转、接和保障收入领取的手续。这将有助于解除农村居民离土的后顾之忧，从而促进农村剩余劳动力实行真正的城乡化转移。

## （三）完善社会保障有助于农村土地经营权流转

▶▶ 1.完善社会保障有利于创造土地经营权流转需求

社会保障不仅有保障功能，也有"赋能"功能。阿马蒂亚·森认为，提高社会整体的福利水平有助于个人能力的培养。在设计最低社会保障制度时，该制度不仅要解决贫困阶层的基本生活，更重要的是"赋能"，即以教育、培训等形式赋予他们发展的机会。由此，我们应该联合倡导"发展型社会福利"的新理念。欧美发达国家社会保障发展与改革的经验表明，在工业化、城市化加速发展时期，社会保障首先需要为劳动力市场服务。它强调先发挥扶助贫弱、互济难关、培养人力资本等功能，然后才强调效率开始市场化改革。

目前，我国正处于工业化、城市化加速发展期。城乡劳动力市场分割不仅减缓了城市化进程，而且导致了城乡人力资本投资收益率低。农村教育收益率低导致的直接后果就是，农村人力资本投资动力不足及投资额过少。较低的人力资本投资和较低的人力资本投资收益率互相影响，从而陷入恶性循环。

当前，我国农村人力资源富余和人力资本短缺的矛盾异常突出。以农民非农化为主体的农村劳动力转移只能解决农村人力资源富余问题，而农村人力资本短缺的问题必须靠教育培训。但我国目前的"以城市为中心"的高等教育制度、城乡全方位的现实差距和就业制度造就了当前"农村教育为城市发展提供人才"的现实。高层次人才从农村向城市单向流动，"教育抽水机"作用使农村普通教育投入的增加反而促进了农村人力资本流失。而农村职业教育和培训又由于过低的教育投资收益率，农民自身投资动力不足。农村人力资本缺乏的直接结果是农业生产科技化程度低；农村科技人才极度缺乏将致使科技进步对农业发展的贡献率不足。目前，发达国家科技进步对农业的贡献率高达 70%～80%，而我国的这一比例不到 40%。因此，政府增加农村教育、职业培训、乡村科技文化站建设、基础设施等人力资本投资方面的农村社会保障投入。这可以拓广农村就业人员提升自我能力的渠道及部分解决农村人力资本短缺问题。而且，政府正在积极完善农村社会保障体系可以缩小城乡差距，并改善农村就业环境来吸引优秀人才向农村回流，从而带动物力资本和技术资本向农村流动。这种普通人力资本流出和对口人力资本回流能自然地形成和促进农村人力资本的良性循环。农村人力资本和物力资本的增加能推动农业产业化经营模式的发展；提高农村土地的利用效率；增加使用量,进而为农村土地经营权流转创造需求。

另外,国家完善农村特别救助、灾害救济和农业风险制度能有效减少农业产业化经营者的经营风险。该制度不仅可以解除他们进行产业化经营的顾虑提高经营积极性,也能增加对土地经营权流转的需求。

### 》》2.完善社会保障体系的重要性

建立完善的农村社会保障体系,尤其是国家推行社会化的养老保险体系、开展失业保险制度、扩大农村低保的覆盖范围、提高保障水平可以确保农村居民在任何时段都能维持基本生活水平。国家建立完善的农村社会保障体系可以增加他们在城乡居住的信心,减少农村居民对土地保障的依赖,从而增加他们参与土地经营权流转的积极性。

随着改革开放的进一步深入和二、三产业的持续发展,农村居民收入有了很大增长,非农收入比例大幅度提高。土地收入已不再是农村居民的主要生活来源。许多农民已经具备了离土的基础条件,部分经济发达地区的农民本身也有了离乡离土的动力,这为农村土地经营权流转提供了条件。但现实的情况却是,即使是发达地区的农民,他们宁愿撂荒、抛荒或者用家庭辅助劳动力粗放经营却仍然不愿意放弃土地的承包经营权。原因是在农村社会保障制度尚不完善的情况下,他们拥有土地可以做到进有"生财之路"、退有"养生之本"。土地是农民抵御未来风险最基本、最可靠的保障。对他们来说,土地经营权已经不再是一种生产资料,而是一种社会保障资料。在农村土地改革过程中,日本也曾经出现过兼业农民不再把土地当作生产资料,而是作为一种储备手段或保险基金,农民宁肯荒芜也不愿转让的现象。如果建立完善的农村社会保障体系,它就可以对农村土地的保障功能进行替代,从而减少他们参与土地流转的顾虑。农村社会保障体系的完善可以促进农村居民向城乡流动,加快农民市民化进程,从而增加农村土地经营权流转的市场供给。

林乐芬等对江苏三个样本地区失地农民的问卷调查发现,南京仙林花苑村失地农民对土地流转后的生活满意度远低于无锡市坊前南田舍村。原因在于花苑村的失地补偿采取了一次性补偿方式,失去了土地的保障而又没有其他保障作为替代的居民对未来生活充满担忧。而南田舍村对失地农民的补偿实行的是分期按月货币安置补偿形式,其实际上相当于给土地流转后的农民以部分社会保障。青岛市李沧区各不同社区的不同城市化方案给我们的启示是凡能够较好地解决了农民社会保障问题的地区,其城市化进程所受到的阻力就越小,土地流转后农民的满意度也越高。我们在成都汤营村和双流县的调研中也发现,在土地流转中,农民最关心的是社会保障问题。由于只有被征地农民才有社会保障,而土地流转农户不在享受范围之内,农村居民颇有后顾之忧。这影响了农民参与土地流转的积极性。被调研的农民纷纷要求采取"政府扶持一点,企业给予一点,自己掏一点"的思路将参与土地承包经营权流转的农民纳入土地社保范围内。

## 二、社会保障对农村居民消费的收入分配效应影响

### (一)社会保障的收入分配效应分析

随着我们市场经济不断发展,居民收入之间差距不断扩大。如何发挥社会保障制度的调节作用是关系到我国社会主义现代化建设的重要指标。近些年来,城乡之间、地区之间、部门之间、行业之间、不同要素之间收入差距越来越大。社会保障制度既是国家与社会稳定的"保护伞",又是我国社会主义市场经济的"调节器"。它影响着社会收入分配差距和社会公平。在西方经济学界,他们也非常强调社会保障对收入分配的影响。他们认为,政府承担责任实施对贫困者的社会救济,为特殊群体提供津贴、支付养老金、失业救济金等是实现收入再分配的重要手段。

市场经济作为一种资源配置机制,其本身并不能保证收入分配合理化。相反,它是收入差距的催化剂。在一定程度上,市场经济正是利用收入差距来激发劳动者的积极性,从而促进经济效率的提高。然而,经济社会发展并不以效率作为唯一的途径和衡量指标。当效率有了实质性的发展后,公平问题就凸显出其对经济社会发展的影响作用。而且,收入差距并不总是效率的促进剂。过大的收入差距,效率短期可能提高,但会挫伤大多数劳动者的积极性。因此,当市场失灵的时候,国家就成为收入差距的干预者。在实行市场经济体制的国家中,国家对社会经济生活和收入分配进行干预的方法之一就是建立和完善具有"稳定器"和"安全网"功能的社会保障体系。政府以税收的形式把高收入者的一部分收入集中到国家,然后通过养老金支付、社会救济、优抚保障等方式支付给生活无保障的社会成员为其提供基本生活保障。这种政府强制力,它既能为低收入和生活无着落者提供基本生存保证,也能为全体劳动者老有所养、病有所医、灾有所济提供观念准

备和事实后盾,从而解除他们的后顾之忧。同时,它还能作为一种收入调节手段,可以缩小不同收入群体之间的收入差距、缓解社会矛盾、稳定社会经济秩序。

社会保障通过资金筹集与支付的不对等而实现对收入分配的调节作用。社会保障资金来自三方面,即政府、企业和个人各自承担一定比例的资金筹集。这体现了国家公助、社会互助和个人自助的结合。养老年金领取、保险资金赔付等则随保障项,其目的不同,各不同个体的享有程度不同。许多项目的资金支付与保费缴纳不相关联,这体现出权利和义务的不对等。社会保障正是通过这种不对等实现对收入的再分配的。

首先,社会福利和社会救济资金来源于政府税收和社会捐助,其享有者则更多为低收入群体。其中,享有者权利和义务不对等表现十分明显。从来源上看,高收入者为政府税收所作贡献明显多于低收入者,而社会捐助更基本都来自于高收入群体或企业。但社会救济的对象大多是低收入者,社会福利则由全体公民共享。国家通过税收或者社会团体通过接受企业、个人捐助进行的社会福利与社会救助制度向高收入者收取更多的税费而向低收入者提供更多的转移支付,从而实现不同收入群体之间的收入分配。

其次,社会保险虽然体现了一定的权利和义务的关联,但这种关联并不表现为完全的对等。它体现出很强的互济特征。社会保险缴费比例向低收入者倾斜,而保险支付则部分实现社会统筹。许多保险项目待遇标准不与缴费年限及原工资水平挂钩,而是根据实际需要进行调配,如医疗保险,其缴费金额基本相等。保险支付则根据治病实际花费执行,它是支付调节型保险。在对普通疾病进行治疗保障,保障劳动力再生产正常进行方面,这种收入分配发挥了重要的作用。还有一些如工伤保险、生育保险及养老保险中的个人账户部分,它调节收入分配的作用看似不明显,但从实际的工资替代率来看,低收入者是主要的受益对象。而失业保险,它仅以是否失业作为发放标准。它以保障基本生活需要为目的,享有者都为暂时性生活困难者,其缩小收入差距的功能很强。其中,养老保险本质上就是一种收入分配机制。它不仅能实现不同收入个体之间的收入分配,也能实现同一个体在不同时期的收入转移。完善的养老保险体系应该包括几个不同的层次。养老保险中的基础养老金等于退休前一年全市职工月平均工资的 20%(或15%)。通常它采取地区统筹方式,现收现付制。同一地区所有个体领取数量相等,它与缴费多少无关并带有收入调节的特征。作为中间层次的个人年金,它采取完全积累制;养老金领取金额与个人缴费多少有关。它进入个人账户带有私人储蓄性质。前两个层次采取国家强制参与方式,它们可以为参与者提供退休后的基本生活保障。作为较高层次的补充年金,享有者领取金额完全由缴费额决定,这是一种完全的私人储蓄。补充年金采取自愿形式,国家给予鼓励并予以政策扶持,享有者可以给有余力并对未来生活水平有较高自我要求的个体提供补充保障。不同层次的养老金采取不同的支付方式,它所实现的收入转移形式也不一样。现收现付制养老保险实现的是代际收入转移,它采取向现在的劳动者提取社会保障税并对同时期的退休者支付养老保障年金的方式。它可以实现同一时期不同个体之间收入的代际转移,有助于实现不同收入群体之间的收入分配。完全积累制养老保险则意味着资本的积累,它强制劳动者以养老金形式参与现在的资本积累,用于退出劳动岗位后的消费。养老保险有利于加强职工自保的意识;有利于长期储蓄及资本市场的发展,从而实现个体在本人不同时期的代内收入转移。

其他政府转移支付项目,如住房补贴、价格补贴、公共基础设施建设、公共教育文化投资等的资金都来源于国家税收,全民均等化享有。由于不同收入个体缴纳的税费不同,因而本质上也有利于实现收入转移、缩小收入差距。另外,财政支农和政策性补贴公共福利支出也有助于缩小收入差距。

### (二)收入分配影响居民消费需求

收入分配对居民消费需求的影响最早可以追溯到凯恩斯的绝对收入假说,这个假说的基本观点认为收入分配的平均化将会提高居民总消费需求。在凯恩斯所说的心理规律中,居民平均消费倾向随收入的上升而下降。这一边际消费倾向递减规律为收入分配影响居民消费需求奠定了理论基础。此后,生命周期——持久收入假说、理性预期理论、预防性储蓄假说——流动性约束假说、缓冲存货式储蓄假说等都对收入分配效应对居民消费需求的影响有颇为深入的研究。其中,中国学者对此也研究不少。绝大多数研究都认为,它不仅有利于形成更多中等收入阶层的收入再分配政策,还能显著影响居民消费行为。收入分配效应主要通过影响居民收入总量、影响遗赠或预防性储蓄量、影响居民的边际消费倾向、影响中等收入群体人数、影响收入的代际/代内转移、影响跨期替代弹性等途径影响居民消费需求。

### ❯❯ 1.增加居民消费需求

合理的收入分配政策可以增加居民收入总量,从而增加居民消费需求。在国民收入初次分配中,它可以改变国家、企业、居民三者之间的分配比例,增加居民部分所占比例。在居民收入分配中,它可以改变劳动报酬和资本报酬之间的分配比例,增加劳动报酬所占份额。这都会导致居民收入增加,从而增加居民消费总量。

### ❯❯ 2.影响居民消费支出

收入分配可以减少高收入者遗赠储蓄和低收入者预防性储蓄数量,从而影响居民消费支出。经济学界通常把储蓄动机分为生命周期动机、遗赠动机和预防性动机三种。人们的收入又可以分为维持基本生活的收入(简称为维生收入)和额外收入两部分。维生收入全部用于消费,遗赠和预防性储蓄倾向都很低。只有当收入高于维生收入时,生命周期储蓄、遗赠储蓄和预防性储蓄才现实地存在。收入分配对各种储蓄和总消费的影响主要通过额外收入。不同收入个体或同一个体在不同收入阶段,三种储蓄的强度分布不同,而每种储蓄的数量也不同。生命周期储蓄倾向与收入水平无关,各收入阶层都会把收入的一定比例用于此种储蓄。遗赠储蓄倾向与收入水平相关,居民收入越高,他们用于遗赠储蓄的比重就越大。预防性储蓄的多少取决于各收入阶层对风险的厌恶程度和所面临的收入风险大小。低收入阶层往往因为面临更大的风险,其预防性储蓄占比更高。随着收入的增加,人们的遗赠储蓄倾向呈指数型增加,而预防性储蓄则呈线性减少。不同收入阶层的平均储蓄倾向差异,它主要来源于遗赠储蓄和预防性储蓄差异。收入再分配政策能减少高收入者收入,增加低收入者收入。它既可以减少高收入者的遗赠储蓄,也可以减少低收入者的预防性储蓄,从而减少居民平均储蓄率,增加消费支出。

### ❯❯ 3.影响到居民总消费需求

收入分配可以影响居民边际消费倾向,进而影响到居民总消费需求。收入分配可以通过遗赠储蓄影响边际消费倾向,进而影响到居民总消费需求。如果消费者的消费边际效用弹性大于遗赠边际效用弹性,其边际消费倾向会随着收入的增加而减少。个体消费需求具有层次上升规律,不同层次消费需求所具有的弹性也不同。生存型消费通常缺乏需求弹性,而发展型消费则具有较大的需求弹性。因而,不同收入阶层个体的平均消费倾向也不同。较高收入者由于处于较高的消费层次而平均消费倾向较低。"劫富济贫"式的收入再分配能显著增加中等收入群体人数。它有助于整个社会的居民消费倾向增加,从而增加社会总消费需求。因此,我国实施旨在缩小收入差距的社会保障政策有助于增加居民消费需求。

### ▶▶ 4.影响居民总消费

恰当的收入分配和再分配政策有利于增加中低收入群体收入,从而影响居民总消费。中低收入群体的收入主要来源于劳动报酬收入和转移性收入,而财产性收入占比较少。在国家财政支出中,我国增加劳动报酬在国民收入中的比例、增加社会保障转移支付的比例都有利于增加中低收入群体收入,缩小收入差距,从而增加居民总消费。朱国林等认为,总平均储蓄倾向是一条形如马鞍的曲线。收入越高阶层的遗赠储蓄倾向越大,而收入过低阶层的预防性储蓄倾向很大,两者都导致总消费倾向过低。在总收入一定时,中等收入阶层的规模越大,其社会总消费越充足。目前,在中国的收入分布结构中,因分配差距过大及中低收入人群比重过高,其总体消费倾向较小造成总消费需求不足。因此,我国实施以缩小收入差距为目的的收入再分配政策能显著减少过高和过低收入人口比重,增加中等收入阶层规模,从而影响总消费需求。

### ▶▶ 5.影响居民现期消费支出

收入分配可以通过代际收入转移影响居民现期消费支出。消费者的效用不仅来自于自身的消费,也取决于他们子女一生收入的大小。金融资产遗赠或者对子女的人力资本投资也成为消费者的选择之一,这种收入的代际分配也会改变个体的消费行为。一般说来,人力资本投资的边际回报率是递减的。因此,收入越高者对子女的人力资本投资率越低,其金融资产遗赠比例越高。而人力资本投资通常体现为现期消费,遗赠则表现为储蓄。国家通过收入再分配用于居民技能培训的国民收入比例增加,这能显著提高人力资本投资回报率,从而诱使消费者增加对后代的人力资本投资比例,进而增加居民现期消费需求。

### ▶▶ 6.增加低收入者的消费支出

收入分配可以改变低收入阶层的消费品跨时替代弹性,从而增加低收入者的消费支出。不同收入阶层的消费者处于不同的消费阶段,他们可以进行不同的消费品选择。不同的消费品又具有不同的跨期替代弹性,其层次越低商品的跨期替代弹性越小。这种跨期替代弹性是收入依赖的,它随消费者收入的改变而变化。收入更高者消费选择余地更多,其消费品跨期替代弹性越大,它越有可能受跨期激励效应的影响而减少现期消费。低收入者处于较低的消费阶段,其消费品选择余地较小。由于较低的跨期替代弹性而将收入增长的大部分用于增加现期消费,它难以通过改变消费决策以获得跨时激励的好处。越高收入阶层越有更多等级的商品选择余地,其商品跨期替代弹性也越大,也越能通过消费品跨时决策获得更多的效用。它不仅有利于低收入者的收入分配政策,也能提高低收入者商品选择可能性。消费者增加消费品跨期替代弹性可以更多享受跨时激励的好处,从而可能产生有利于居民总消费需求增加的效果。

### (三)社会保障影响农村居民消费的收入分配效应

二元经济结构造就了中国城乡居民巨大的收入差距,低收入阶层绝大部分集中于农村。社会保障通过收入分配效应不仅增加了农村居民收入,还减少了农村居民预防性储蓄比例。它实现了农村居民收入的代际、代内转移,从而影响农村居民消费支出。国家实施农村社会保障可以增加国家财政对农村居民的转移支付及直接增加农村居民收入;也可以通过对农村居民的技能培训支付,提高获得收入能力、增加农村居民收入;社会保障对风险的弱化作用及对突发性大额支出的部分替代作用,减少农村居民的不确定性及减少了其预防性储蓄比例;社会保障的代际、代内转移作用可以增加农村居民的人力资本投资比例,从而减少遗赠储蓄数量。

社会保障的收入分配效应,更重要的在于它不仅缩小了城乡居民和农村居民内部收入差距,还影响了我国农村居民的边际消费倾向。相当多学者的实证研究表明,我国农村居民的边际消费倾向高于城乡居民。而在农村各不同等级居民家庭中,居民平均消费倾向也随收入等级的提高而减少。随着收入水平继续提高,农村高收入家庭消费倾向增长余地不大;低收入户家庭由于还处于入不敷出阶段,其消费倾向不会有太大下降。因此,向中低收入者倾斜的适当的收入再分配政策有利于农村总体消费倾向的增加。而且,根据城乡差距来看,收入再分配政策也有利于农村居民增加消费支出,提高全体居民的消费倾向。

就城乡来说,由于农村经济发展水平低,政府对农村社会保障资金来源的支持应该大于城市。在理论上,社会保障的支付应该城乡平等。社会保障正是通过这种享受权利和支付义务的不对等,实现城乡之间的收入再分配。而农村居民边际消费倾向较高,向其进行的收入再分配有利于社会总体消费支出的增长。这种收入分配效应是实现"工业反哺农业,城市支持农村"的手段之一,它有利于缩小城乡之间的收入差距,增加农村居民的消费支出。

我国推行农村社会保障还可以实行农村居民内部的收入再分配,进而影响农村居民消费支出。社会保障对高收入阶层的保险税征收较多,但由于高收入者享受"低保"、贫困救济、特别救助的可能性较小,因而对高收入者的保险金支付较少。除缴费的保险项目以外,由于农村低收入者纳税较少,他们一般不需要实际承担其他保障税的征缴。但是,社会救助救济项目的主要受益者则是低收入者。即便是体现一定权利与义务关系、以缴费作为享受依据的社会保险项目。虽然从绝对数看,高收入者享受更多,但从缴费收益比看,也是低收入者获益更大。这也实现了收入的再分配,低收入群体较高的边际消费倾向决定这种收入分配有利于总消费支出的增加。

从同一个体来看,完全积累制养老保险可以实现不同时期的收入再分配。养老保险把有收入时期的部分收入以社会保障税的形式收缴。在没有收入时期,它以养老年金的形式发放。这种收入再分配不仅有利于消除农村居民丧失劳动能力后的生活顾虑,还可以增加现期消费意愿。

就具体项目来看,养老、医疗等社会保险项目,国家财政对农村居民转移支付的绝对数仍然较少。但相对于其缴费来说,国家转移支付比例则较高。我们再考虑转移支付资金来源于税收,而农村居民税收缴纳较少,这些项目具有对农村居民进行收入转移的作用。在面向低收入者的社会救助项目时,由于贫困人口中农村居民占有大部分比例,它也是有利于农村居民的收入再分配方式。这些收入再分配不仅可以因为农村居民边际消费倾向更高而影响总消费,而且能够因为解除农村居民的后顾之忧而提升消费意愿,增加农村居民的个体消费。

总之,社会保障制度不仅是基本生活的安全阀,还是社会公平的调节器。它是缓解贫困痛苦的重要手段,也是促进经济发展的推进器、维护社会稳定的粘合剂。它通过国家立法强制参与向高收入者征收更高的社会保障税,而除养老、医疗保险外,其余各项社会保障支付更多地由低收入者享有。国家通过这种收取与支付的不对等将一部分社会收入集中起来进行再分配。在客观上,它起到了缩小收入差距的作用。这种收入调节功能不仅能缩小不同地域、不同收入等级和城乡之间的收入差距,而且能够调节同一个体不同时段的收入差距。它可以有效减少居民预防性储蓄,增加消费支出。我国推行农村社会保障体系建设不仅可以有效发挥社会保障对收入分配的影响作用实现有利于农村低收入群体的收入再分配,还可以增加他们的消费支出。

# 第三节　基于社会保障下中国农村居民消费的政策建议

## 一、充分发挥政府的主导作用

社会保障是一种公共产品。根据保罗·萨缪尔森的论述,公共产品主要是指具有非竞争性与非排他性特点的产品。非竞争性主要是某使用者对该产品的消费对其他人对该产品的消费数量不产生影响;非排他性则指某使用者对该产品的消费不会将其他人排除在对该产品消费的行为之外。只有二者特点之一的是准公共产品,而同时具有两种特征的即纯公共产品。

从社会保障制度安排看,它是一种国家安全制度。农村社会保障有助于农村社会的稳定、和谐和安全。根据国家宪法和关于农村建立最低生活保障制度、新型农村社会养老保险制度和新型农村合作医疗制度等的相关政策规定来看,任何具有合法身份的农村居民都有权享受农村社会保障的支助和保护,这种权利具有非排他性。同时,这种权利不会因其他人的享受而减少。因此,它具有非竞争性。整体看来,农村社会保障制度本身是一种纯公共产品;而从具体项目看,如最低生活保障、灾民救济和五保供养更是具有非排他险和非竞争性。它们属于纯公共产品,而农村社会保险项目属于准公共产品。

### (一)农村社会保障发展的主体——政府

从我国农村社会保障的发展历史看,与城乡社会保障相比较而言,农村社会保障发展非常滞后。作为农村社会保障发展的主体——政府,如果它缺位或定位不明晰则于农村社会保障发展不利。从 20 世纪 40 年代末到 20 世纪 70 年代末,我国农村社会保障都是以集体经济为依托。国家予以扶持,政府责任比较隐性;而从 20 世纪 70 年代末到 20 世纪 90 年代末,集体经济支撑瓦解,家庭和土地保障为主体。此时,政府缺位,其责任缺失,农村保障发展形同虚设;从 20 世纪 90

年代末以来,土地和家庭保障功能弱化。但社会发展价值理念追求发生转变,政府责任开始回归。自此,在农村社会保障中,政府的主体地位才越来越明确。在21世纪,中国将进入人口老龄化时期,老年人的数量将大幅度上涨。由于我国老龄人口绝大部分分布在农村,随着农业工业化、城市化进程的加快,农村受到的冲击将比城镇更加严重。再者,由于我国实行计划生育政策,21世纪普遍存在"四二一"结构型家庭。因此,我国建立农村养老保障就显得尤为重要。

### (二)政府发挥了"有形之手"的强大作用

从国际发展历程看,各国农村社会保障制度的建立与推进实施都离不开政府的推动。政府充分发挥了"有形之手"的强大作用。在社会保障的发展中,西方国家一般遵循政府主导、理论导入、立法先行和依法推动的逻辑路径。

### (三)农村社会保障发展的现实

从当前我国农村社会保障发展的现实来看,它是一种绩优品。在缴纳保险费的当下,它的保障功能不能立时体现。只有在年老、生病或发生特殊风险的时候,它才能发挥其保障功能。但保险费的缴纳却是当下就要完成的,这并不符合广大农村居民的交易传统。再加上农村居民相对收入低,这容易导致他们对社会保障认识不充分,其参与热情不高涨。同时,某些纯公共产品的社会保障项目也必须依靠政府的力量才能推进。

总体看来,政府具有决策功能、制度运作功能、财务功能和监管功能等。这些功能必须要能实现良性互动循环,任何一个链条都不能断裂,否则其功能就很难得以保证。因此,在技术支持的环境下,政府正在通过内部组织机构的完善,从而实现其决策、运作、财务和监管功能的协同一体化。

#### ▶▶ 1.改革和完善农村社会保障组织机构

政府逐渐改革和完善农村社会保障组织机构可以促进农村社会保障水平的切实提高。社会保障组织是一种公共组织,它是以实现全体人民的社会保障利益为目标。它按照一定的形式编制起来的社会集团以实现供给社会保障产品、提供社会保障服务和进行社会保障管理的职能。经过多轮大部制改革,目前由人力资源社会保障部负责全国的社会保障事业发展。它包括统筹建立覆盖城乡的社会保障体系等,如办公厅、政策研究司、法规司、规划财务司、农村社会保险司、国际合作司、人事司和各类社会保障体系相关司等 23 个内设机构。通过各机构的运行和配合,政府已经实现其决策、运作、财务和监管等功能一体化。要想实现大力发展农村社会保障,我们必须加大涉农部门的权力设置;提高其在部门内部的地位;增加涉农保障资金的配置;加强涉农社会保障人才的培养,从组织、权力、资金分配和人事培养等方面促进农村社会保障事业的发展。

### ➤➤ 2.做好制度设计

政府正在积极做好制度设计进行城乡一体化的社会保障制度供给。在一定历史、文化、经济和政治条件下,制度是大家共同遵循的规程或一致行动准则。它具有稳定性、影响力和约束力。我国农村社会保障的发展一般而言对政策和制度设计具有非常强的路径依赖,它可以类似于物理学中所揭示的物体"惯性"。一旦进入某种状态或路径,它就可能具有持久性和不可逆性。在 20 世纪 40 年代末到 20 世纪 50 年代初,我国的社会保障实践是"只保城市、不保农村",并长期采取牺牲农业和农村来促进工业和城市发展的策略。农村主要以土地保障和家庭保障等非制度性安排为主,而正式的社会保障长期处于缺失状态。即使从 20 世纪 90 年代末以来,农村社会保障开始强力启动,但仍逃不脱制度以来路径的束缚。它难以摆脱农村社会保障制度设计碎片化、随机性、盲目性和功利性的命运。我国只有突破原有的城乡二元社会保障体制、破除路径依赖,才能打破农村社会保障事业发展的瓶颈性制约,树立一元化发展理念。政府结合农村居民的实际迫切需要和中国实际国情及国际先进经验,并根据各地区人口、自然资源、经济发展程度和社会流动性等实际状况建立公平合理的、城乡统筹,甚至更倾向于农村的社会保障制度和总体发展规划,这样才能使其向着有效率的方向变迁,并形成良性的路径依赖。

### ➤➤ 3.完善的社会保障体系

国家正在发挥政府财政支持和财务管理功能,并适当向农村地区和贫困人口倾斜,从而形成完善的社会保障体系。市场经济的运行离不开资金、资本的运作和流通,农村社会保障的运行需要投入大量的资金。一般而言,社会保障资金来源于个人、单位或集体、财政(包括地方和国家)。然而,相较于城乡,广大农村地区个人收入偏低,其缴费能力有限。有时候保险费可能会占到家庭主要劳动力的

1/3左右。这既不现实也会影响其日常生活,大多数农村地区集体经济萎缩。除了农民工还能依托单位购买社会保险外,绝大部分农村居民需要政府投入资金才能获得社会保障。就财政而言,广大的农村地区早就取消了农业税。在无税源的情况下,地方财政也是难为"无米之炊"。因此,国家履行农村社会保障的财政责任就责无旁贷而且相当关键。在财政支持制度方面,国家已经把农村社会保障基金归属于公共财政支持。我们要增加国家财政对农村社会保障的投资比例,加大对农村转移支付的力度。在国家财政支出预算中,我们不仅应强调兑现政府的财政责任,还要实现财政支出的制度化、法治化、稳定化和持续化。而政府的财政责任可以通过以下四种途径得以实现:一是根据农村社会保障资金需求,直接从国家财政中公平合理地划拨出必要的资金。政府适当增加对农村社会保障资助的力度,实现工业反哺农业,城市支持农村。二是地方政府可以把土地征用或转让收益的相应比例用于发展农村社会保障。三是通过税收减免等优惠政策,政府不仅要引导企业进入农村发展、积极为农村职工购买保险承担一部分保险费,还要鼓励企业、社会或个人进行捐助或捐赠。四是也可以通过低成本、高规模、融资快的发行彩票的方式拓宽筹资渠道,甚至发动社会力量包括社会组织机构的力量参与农村社会保障建设。通过上述方式可以充分发挥政府的直接和间接资助的作用,国家以为农村社会保障的发展提供充足而持续的资金保障实现其财政功能。

#### ▶▶ 4. 进行有效监管

政府正在形成有效的监督机制,进行有效监管。农村社会保障的良性发展必须以有效的监督机制为支撑,如果缺乏有效监督,其现行的社会保障制度无法有效运行,农村居民的社会保障权益难以得到保障。通过严格的内部管理条例和专门的监管部门对社会保障内部人员进行有效监管,尤其是加强对干部的监管。政府正在形成对其权力的有效牵制,防止滥用职权、盗用保障基金等事件的发生。政府正在通过制定和实施严格的法律实现农村社会保障制度及其运行过程中的程序化和合法化。在过去的 70 年里,社会保障运行说明我们国家和西方国家在立法实践中有很大区别。西方国家社会保障发展中以"人性本恶"为基础,他们坚持必须用法律等来遏制或规制人性中的恶。因此,西方国家往往是法律先行。而我国秉持"人性本善",我们往往都是边实践边总结经验,立法滞后。这种做法往往导致社会保障发展的滞后和碎片化。它具体体现在以下两个方面:一方面是要通过立法保障广大农村居民拥有社会保障的权利;另一方面是有了法律准绳,社会保障制度才可以顺利运行,才能加强对地方政府的监管。实际上,中央政府和地方政府在发展农村社会保障中的目标并不一致。如果社会保障制度缺乏对地方政府的监管,就很难实现中央政府社会利益最大化的目标,它具体表现在以下三个方面:一是必须明确合理界定和划分中央和地方政府在农村社会保障中的责任范围和投入配置。二是必须将农村社会保障的运行及其效果纳入地方政府的政绩考核指标设置中,并定期进行考核和公开监督,从而达到地方政府追求政治利益最大化和中央政府追求社会利益最大化的统一。二者统一于农村居民对于农村社会保障的需求之中。政府正在积极加强对农村社会保障基金的风险监管。政府如何进行社保基金的风险预警和监管对于农村社会保障的运行至关重要。三是把不同城市的数据代入以评估养老保险支付的综合风险。政府通过风险预警不仅可以掌握社会保障基金的风险状况,还可以加强对社会保障基金的管理。

总体而言,政府正在充分发挥其在农村社会保障中的主体作用。本着"公平正义"的理念,在组织机构完善的前提下,实现其决策功能、运行功能、财务功能、监管功能的协同化。

## 二、充分发挥市场机制的基本作用

日本、美国、澳大利亚等国家市场经济非常发达,在农村社会保障发展中,他们充分发挥市场机制的基础性作用。正如我国更是明确提出:"处理好政府与市场的关系,使市场在资源配置中起决定性作用。"由此可以看出,在当前经济体制下,我国更充分地发挥市场和市场机制的作用是必然趋势。但是如果严格计算,我国在 1992 年以前都是实行的计划经济。国家政府和单位集体在农村社会保障中几乎揽下所有的责任,而市场机制无多少生存空间。然而,随着市场经济体制的建立和运行,市场在资源配置中发挥的作用才越来越充分。由于社会保障是公共产品,政府居于主导地位。市场机制不可能在其中发挥决定性作用,但它可以作为一个有效的补充,其补充作用可以发挥在以下四个方面。

### (一)引入市场经济主体作为社会保险经办机构

在市场经济运行中,我们首先必不可少的就是经营主体。广大农村地区社会保障经办机构多为中央政府或地方政府或相关的国家或地方机构,其编制形式和运行基本遵循行政体制。但人员素质整体不高,且缺乏正式编制,而且运行经费严重不足。这极大影响了农村社会保障业务的开展。我们可以引入如中国人寿、泰康人寿等商业保险公司对养老保险、医疗保险和农业保险进行补充。他们既经办具体的保险业务,同时也可以充分利用这些商业机构的资金、技术、人才和管理优势开发新的保险产品。这样做的好处不仅可以开发市场,还可以不断满足广大农村居民的实际需求。

### (二)采取社会统筹与个人账户相结合的管理模式

社会统筹与个人账户相结合的管理模式既强调政府的主导作用,同时也开始利用市场机制不断强化政府责任。可以说,个人资产和账户管理是一个最大的亮点。它具体体现在以下三个方面:一是与政府统筹相比较,它互济性差,对宏观经济运行的稳定性要求高。但是,它强调的是责任和权利相对应,有效地防止"搭便车"现象;二是它强调量入为出,支出与个人账户收入紧密关联。它可以激发个人的劳动积极性,防止"道德风险"的发生;三是个人账户的使用和收益权非常明确。这些都体现了市场经济运行的规则。

### (三)农村社会保障基金的运行应该遵循市场经济规则

农村社会保障基金可以交由专业的基金管理公司进行投资和管理,甚至可以在权衡风险的情况下进入证券市场进行运作。这样做不仅可以促进资本市场的发展,也可以促进保险基金的保值增值。如瑞典的社会保障资金有 10% 左右来自社保基金的投资收益,这一点中国实际上也可以借鉴。

### (四)充分发挥社会保障调控市场运行

国家追求经济稳定健康发展,但市场经济并不是直线运行的。它总是起起伏伏,或经历紧缩,或经受通胀。无论如何,社会保障可以通过调节社会总需求来平抑经济波动,从而调控宏观市场经济运行。当经济处于紧缩时期,社会总体失业率上升,人民生活水平整体下降。国家通过失业保险、社会救济等既维持社会公平,又提高社会整体购买力、拉动有效需求的提升,从而促进经济复苏。当美国处于经济大萧条时期,美国总统罗斯福就采取了这种对策;而当经济发展过热时,我们可以下调社保支出及控制即期总需求的快速上升,从而缓和经济增长不至于使宏观经济过度膨胀。随着中国社会主义市场经济体制的深化,在农村社会保障发展中,政府正在充分地发挥市场机制的补充作用。农村社会保障制度强化促进政府的主导责任,把政府和市场有机结合。它不仅实现政府有效和市场有效的理想状态,还推动农村社会保障良好发展。

## 三、积极引导社会力量的广泛参与

从中国实际情况看,农村人口规模大,养老、医疗压力巨大。同时,农业脆弱,它受生态环境约束强,其抵抗风险能力弱。在农村社会保障发展中,如果政府承担所有的责任,它难免会顾此失彼产生"政府失灵";在农村社会保障中,有些项目可能收益性低。以追求利润最大化的市场企业难以进入,这容易产生"市场失灵"。在政府、市场双失灵的情况下,我们便急需要有社会的参与。另外,社会保障要实现社会化不仅是指服务对象社会化、资金来源社会化和社会保障管理社会化,同时也包括服务队伍的社会化。从中国农村社会保障的发展实践看,目前有四种社会主体,它既包括组织也包括个体。

### (一)地方群众自治组织

地方群众自治组织包括村民自治组织、农民合作组织或协会等。农村社会保障的运作离不开地方服务机构和服务平台。地方群众自治组织不仅本村村民经济和生活状况非常了解,还了解地方百姓迫切的社会保障需求。它既能向政府反馈需求状况,也有条件将政府的政策及时有效地落实。

### (二)居民社区

随着农村经济体制改革和市场经济的运行,农村集体经济萎缩,但进入 21 世纪以来,国家加大了对农村的投入及对农村发展的力度,农村经济发展比较迅速。随着农村剩余劳动力的转移和农村生活方式的逐渐城市化,农村出现了一系列的社区进入社区管理阶段。因此,在某种程度上,社区取代了过去村队集体在村民心目中的集体形象。社区成为村民进行利益诉求和日常管理的依托。国家正在依靠社区可以提供社保经办服务、医疗服务和日常养老、育儿及扶贫等社保服务,如苏南、青岛、武汉相对发达农村地区就发展了此类模式。这也是发达国家所走的一般路径。

### （三）非营利性组织

非营利性组织，又称为非官方组织或第三部门。它一般是民间成立的以自愿为基础的非营利性组织，从而实现公共事务的自治组织。一般与社会保障相关的非营利性组织有慈善机构、社会福利机构、群众团体等。非营利组织具有非常强的精神源动力，它主要来源于人们的自觉行动和精神追求，其强调自治精神和博爱精神。与政府组织相比较，在社会保障政策宣传和扶贫等项目上，很多情况下，非营利组织甚至拥有更高的权威。但它与政府又具有千丝万缕的联系。它具体体现在以下两个方面：一方面是非营利组织通过政府了解具体的方针、政策和各项规定，它可以充分运用国家政策来促进自身发展和关爱社会；另一方面是政府通过非盈利组织获知社会保障信息，并根据信息分析制定切合实际的政策。通过这种互动可以促进社会保障事业的良性发展。从发达国家的发展规律和中国公共服务的发展趋势看，政府正在积极实现公共服务的市场化和社会化。因此，我国正在大力发展非盈利组织。它具体体现在以下三个方面：一是非营利组织应该拥有合法的公共管理权力，政府正在减少赋权环节、简化赋权程序，甚至可以学习西方实行非营利组织登记制度；二是对非营利组织的运行和受捐赠款项应该实施税收减免政策，甚至对捐助的企业和个人也可以实施税收优惠政策。政府鼓励企业和社会进行捐赠，拓宽非营利组织的资金来源；三是政府正在对非盈利组织的监督管理。近年来，某些非营利组织出现了腐败和作风问题，如郭美美事件，它严重影响了非营利组织的社会权威。因此，政府正在从非营利组织管理的规范化、日常化和受监督性方面努力。

### （四）社会爱心人士

中国人秉持"人性本善"的理念，并具有"助人为乐"的传统美德。在现代，中国人也表现出非常明显的集体英雄主义色彩（如汶川地震等自然灾害中）。因此，我们应该通过各种传统媒体、新媒体来大力宣扬这些先进文化和美德，并呼吁和号召社会爱心人士参与到农村社会保障事业中来。如近年来，爱心人士到贫困山区支教、关爱留守儿童和留守老人、每到冬天来临人们默默往爱心墙、爱心箱挂满或装满厚厚的冬衣、在特殊自然灾害发生时整个社会捐款捐物，群策群力。这些都说明了个体的力量、集体的力量和全社会的力量。

## 四、动员与发挥家庭重要作用

家庭和个人的收入水平、受教育程度、家庭赡养老人数量和抚养孩子数量等因素都会影响其对农村社会保障的评价及影响其对消费水平的提高。因此,家庭及其成员在农村社会保障发展中的作用是至关重要的。对于欧美国家的社会成员来说,每个人首先是社会中的一员,然后才是家庭中的一员。人在遭遇年老、疾病、伤残、意外时离开家庭可以生存,但离开社会却不能生存;而对于深受儒家孝文化和家文化影响的中国家庭来说,人首先是家庭中的一员,然后才是社会中的一员。人离开社会也许不会对个人生活产生多大影响,但离开家庭是万万不能存活。在社会成员的生活保障中,家庭这一最基本的社会单元发挥的作用都不容小觑。尤其从农村社会保障发展的现实基础和长期实践看,家庭保障更是过去长期以来最重要的保障方式。家庭保障主要指由家庭为其成员提供经济保障、精神慰藉和生活服务等的一种保障方式,它强调家庭成员之间的互相关怀和实质性帮助。虽然随着社会的发展变迁、家庭规模的小型化和生活方式及文化的独立化,家庭在农村社会保障中作用和地位逐渐弱化。但是,它在一定时期和一定范围内仍然发挥着难以替代的作用。因此,国家正在倡导农村家庭保障制度。这对于提高农村居民的经济生活和丰富其精神生活来说是一条现实可行的途径。它具体体现在以下三个方面。

### (一)应大力宣传和倡导家庭责任观

在传统的中国家庭文化中,父母对年幼子女有抚养的责任;成年子女有赡养年老父母的责任;夫妻有共同扶助的责任。然而,随着社会的急剧变迁,家庭文化发生巨大变化,如丁克家庭增加、子女独立居住、年轻人外出务工,留下老人、孩子苦苦挣扎。现实逼迫的农村社会和农村家庭发生了扭曲。可能农村的物质生活比过去丰富了,然而精神生活更贫乏了。老年人生活孤独,孩子们缺乏管教,其家庭保障功能难以发挥。尤其在当前中国遭遇老龄化(银发浪潮)冲击之际,我们需要大力弘扬孝道。通过学术研究,政策宣传和基层推广来重树孝顺之风。这既有利于和谐的家庭代际关系,同时老年人为家庭、社会做出了毕生的贡献。在年老之际,他也应该受到社会和家庭的尊重。

### (二)要大力发展农村经济

政府正在大力发展农村经济,切实提高家庭收入。家庭收入是其能否履行家庭保障的重要物质基础,否则也只能是心有余而力不足。它具体体现在以下三方面:一是要大力拓展农村居民提高收入的渠道,它包括农业、副业和外出务工等;二是要通过种养加一体化和第一、第二、第三产业融合拉长农业产业链。它不仅增加农业附加值,还提高农村居民收入;三是还要坚决贯彻和落实工业反哺农业、城市支持农村的重要方针,促进农村的发展,最终实现城乡一体化。

### (三)调整计划生育的政策

在20世纪70年代末,我国开始实行一对夫妻只生一个孩子的计划生育政策。在农村中,如果第一胎是女孩,他们还可以生第二胎。但随着生活成本的上升和生育观念的现代化,农村育龄妇女生育率也大大下降。农村家庭规模萎缩,家庭保障在养老方面的功能大大萎缩。在21世纪,国家正式实施一对夫妻可以生两个孩子的新计划生育政策。它有望改善家庭结构和重新发挥家庭保障的功能,但其后续效果还有待观望。除此之外,国家还应大力发展在农村的教育事业,不断提高农村人口的整体教育水平。这样他们还可以促进其学技术,并对于其就业、收入水平的提升至关重要。

# 第六章 网络经济对居民消费增长的促进

## 第一节 网络经济与我国经济发展

随着计算机和互联网技术的广泛应用,它正在把世界推进到一个所谓网络经济的时代。网络经济是一种有别于农业经济和工业经济的新型经济形态,它在推进经济全球化的进程中改变着世界经济和贸易的总体格局,通过转变传统的社会生产方式从而对经济结构调整产生着极为深刻的影响。大力发展网络经济特别是电子商务,已成为当前世界经济新的增长点和国际竞争新的制高点。因此,我们应该顺应国际化的潮流,认真探讨网络经济对我国经济的影响,并进行相应的对策研究。这对于我国未来的经济发展具有非常重要的意义。

### 一、网络经济的出现

#### (一)网络经济的含义

网络经济是一种网络化的新型经济活动。它正以前所未有的速度迅猛发展。同时,它已经成为主要发达国家增强经济竞争实力及赢得全球资源配置优势的有效手段。从网络经济产生至今,有着很多关于网络经济的定义和认识,基本是基于两点,即对网络经济中所涉及的经济活动及网络技术的不同展开的。这两点也是网络经济概念的重点。

联合国经济合作和发展组织(OECD)将网络经济的定义概括为:它具体体现在以下三个方面:一是发生在开放网络上的包括企业之间、企业和消费者之间的商务交易;二是全球信息基础设施委员会电子商务工作委员会的定义;三是运用电子通信作为手段的经济活动,通过这种方式人们可以对带有经济价值的产品和服务进行宣传、购买和结算;四是世界贸易组织(WTO)将网络经济定义为基于电子信息技术、网络技术和现代通信技术的经济运行的电子化。

目前,对于网络经济的比较权威的定义是世界电子商务会议上对网络经济的阐述。网络经济是指实现整个经济运行过程各个阶段的活动的电子化,从其涵盖范围可以指市场主体以电子交易方式取代传统方式进行的各种形式的经济活动。重点指人们直接应用互联网从事的商贸活动,如网络购物、网上商贸交易、网上营销、电子支付和经营管理及政府的促进政策法规。

网络经济是互联网络技术应用驱动经济发展的新模式。网络经济是指与网络经济直接相关的经济结构、组成和效果,它包括网络服务业、跨境网络经济、互联网金融活动、网络教育,网络购物、数字内容服务及涉农网络经济等行业的经济效应。

### (二)网络经济的起源

网络经济的雏形早在商贸界盛行电子单证的时候就已经产生了。随着网络技术的发展和社会经济模式的飞速变化,继而它出现了 Electronic Commerce(电子交易)的概念。实际上,网络经济和电子交易的出现并没有一个精确的界限。自从电报和电话出现之后,网络经济和电子交易经常被人们用作交易的手段,即网络经济的雏形。随后,人们利用电子手段交换订单和货币的贸易方式也产生了。它极大地促进了网络经济的发展,甚至导致了第一个关于网络经济的标准 ED 工(Electronic Data Interchange,电子数据交换)的产生。该标准涉及银行、运输、税务、海关等各个方面的电子单证交换,它是网络经济技术的一大突破。现在,人们已提出了通过 Internet 网络来实现从商业信息的获得、商品的采购、样品的展示、商品的运输直到电子货币支付、售后服务等一系列贸易活动的完整网络经济概念。可以说,网络经济发展到今天是必然的结果,它正经历着一个质的飞跃。

从技术角度看,网络经济是计算机广泛应用及网络高速发展的产物。在 20世纪 40 年代,信息技术革命的新时代开始,到 Internet 的出现,再到 20 世纪初期,美国制定并发布重大战略决策《国家信息基础设施:行动纲领》。在建设本国信息高速公路的基础上,美国又提出了建立全球信息基础设施计划的倡议,他呼吁各国把光纤通信网络和卫星通信网络连接起来,从而建立下一代通信网络。

Internet 使国界的限制作用大大降低,它宣告着知识经济与网络经济时代的到来,其加速全球成为"地球村"。与以往的传统经济相比,网络经济的特点主要包括十个方面,即全球化、虚拟化、智能型、速度型、高效型、创新型、开放共享型、竞争与合作、数字化和全天候运作。这些特点决定了网络经济与传统经济的诸多经济规律的差异。

网络经济中网络技术的应用,它不仅指基于 Internet 的交易,而且指所有利用 Internet、企业内部网、外部网、局域网,甚至将来的信息高速公路来解决问题、降低成本、增加价值并创造新的商机的所有活动。它包括从销售到市场运作售后服务及信息管理。由于网络经济在几十年前主机系统出现时就存在了,所以目前我们采用的新技术需要与原有系统集成起来。PC 机已得到广泛应用,目前,随着 Internet 的快速发展,在家中及在办公室中的人们参与网络经济提供了方便的条件。网络经济有着巨大的市场和无限的商业机遇,也蕴含着丰厚的现实和潜在商业利润。

### (三)互联网时代下的新"受众"

在传统大众传播语境下,"受众"是指传播过程或传播活动中信息的接受者或受传者。它是传播的对象,也是读者、听众和观众的统称。在互联网快速发展的今天,"受众"不仅包含所有大众受众的含义,而且包括全体网民和手机用户。"受众"的内涵也由以接受信息为主转变为以选择、接受信息,并形成观点进行创新生产与传播为主。

网民同时作为信息的接受者和生产者、传播者,贯穿于传播活动的始终,他们成为网络传播活动最重要的主体。表面看来,它已经不再需要用"受众"来作为其指称。对此,麦奎尔、刘燕南等人在做了比较深入的受众分析研究后,认为应当继续用"受众"一词来概括网民这一群体。它主要是因为概念上的延续性。在一段时间内,传播受众还大范围存在和发展。网民作为大众受众发展的前沿性主体,他引领着传播活动的发展方向。在新的传播学理念产生之前,我们可以用"受众"来概括网民的媒介行为,它能够在不脱离经典传播理论的前提下对网民行为进行分析。互联网被公认为一种新型媒介,它是信息传播的手段。它被人们用来获取、分享、交流、存储、赋予信息内容。从这个意义上说,使用网络媒介的人就可以被称为"受益者""受众"。

对于网络受众与传统大众受众呈现的颠覆性的不同,我们可以从以下四个维度对其进行划分:一是受众的主动性或被动性程度,毫无疑问传统大众受众的被动性更强,而网络受众更多地彰显其主动性。二是传受双方的互动形式的多样性及角色可互换程度。传统大众受众与传播者之间的互动较少,且形式单一,角色转换的难度相对较大,网络受众可以通过多种网络平台与传播者互动。同时,网民对其转化为传播者的意愿更强烈,其行动方式也呈现出多样化趋势。三是时空差异。传统受众往往受延时性和空间局限性的限制。在获取信息上,网络受众则拥有即时性和无界限性;四是受众构成上的异质性,同一种传统媒介或媒介内容受众的内在和外在同质性都较强;海量的网络信息对应的则是具有长尾需求的受众群体,他们的内在和外在异质性都更强。从这些维度可以看出,我们不需要通过摒弃传统"受众"的内涵来创造一种新的传播学概述。同样,我们可以用"受众"一词。但是,传统受众和网络"新受众"是可以用相同维度来进行区分的。究其本质,网络传播依然是文化传播的一个分支。"网络受众"也只是"受众"在互联网时代的新发展。

互联网环境下的受众可以被称为"生产性受众",但这里的"生产性受众"的含义已经完全不同于约翰·费斯克的"生产性受众"理论。约翰·费斯克延续文化研究学派"传者编码,受者解码"的理念,他提出的"生产性受众"是在大众传播过程中,由于传授双方各自所使用的符码及能力(依托于理解力、知识范围、生活环境等因素)的不同,受众面对传播者传送的信息会重新解读出信息内容,并进而生产出自己的观点。这一理论的提出用以强调受众的主体地位、能动性和创造性。而互联网发展的今天,网络受众不仅能完成费斯克所说的"生产"性内容,更可以进行原创性的内容生产活动,而这类工作是费斯克的"受众生产"中所没有的。从事原创内容生产的受众也是内容的生产者和传播者,他等同于传统大众传播意义上的生产者和传播者。网络受众的"解码"活动更加活跃,每个人对同一信息都有自己不同的理解。在网络环境中,这种不同的解读在表现为信息被广泛接受的同时,网民还会对其进行延伸、拓展和再创造。而这类解读和生产活动也是对费斯克理论的延展。因此,这里的"生产性受众"是为了强调网民的生产者和传播者的身份和地位。它是费斯克的"生产性受众"在互联网时代的革新和拓展。

总之,网民作为互联网受众,他们因先进的网络技术支撑和其自身主观能动性的发挥。网络受众表现出与传统意义上的"受众"所不同的一面。但即使网民可以贯穿网络传播活动的始终,从概念延续性、传播理念和媒介经济的角度来看,网民依旧被称为互联网"受众"。在网络新媒介快速发展的今天,网民数量快速攀升。然而,这并不意味着传统受众的终结。新时代的媒介受众是传统的大众受众和网络"新受众"的集合体。

## 二、全球网络经济的发展历程

### （一）全球网络的起步阶段

从全球范围看,网络经济起源于 20 世纪 70 年代。EDI（Electronic Data Interchange,电子数据交换）的产生引起了很多人的注意。在 20 世纪 70 年代末和 20 世纪 80 年代初,美国、英国和一些其他西欧的发达国家开始逐步在贸易活动中使用 EDI 工技术,从而形成涌动全球的"无纸贸易"浪潮。到 1992 年底,全世界 EDI 用户有大约 13 万,市场贸易约 20 亿美元。

从技术角度看,网络经济是计算机广泛应用及网络高速发展的产物。自 20 世纪 90 年代至今,网络、通信及信息技术的突破性发展及计算机和 Internet 在全球爆炸性的增长和普及赋予了现代商业活动不断增长的供货能力、客户需求及全球竞争的特点。

在这种新的趋势下,一种基于互联网以交易双方为主体;以银行电子支付和结算为手段;以客户数据为依托的全新商务形式——网络经济出现了。同时,网络经济迅速地发展起来。

### （二）快速发展阶段

在 1996 年 12 月 16 日,联合国第 85 次全体会议正式颁布了《贸易法委员会电子商业示范法及其颁布指南》（简称《电子商务示范法》)。《电子商务示范法》的颁布为网络经济活动中的各种行为提供了规范。这就在全球极大地促进了网络经济的发展,也为各国自己的网络经济立法提供了一个参考。

在 1997 年 4 月 15 日,欧盟提出了《欧盟电子商务行动方案》。在法案中,它对信息基础设施、管理框架和商务环境等方面的行动原则进行了初步规定。在 1997 年 7 月 1 日,美国政府发表了《全球电子商务框架》文件。它提出了开展电子商务的基本原则、方法和措施。在该文件中,它第一次将 Internet 的影响与工业革命相提并论。这极大地推动和促进了美国及全球网络经济的发展。在 1997 年,电子交易额达到了 26 亿美元。

在 1998 年,IBM、HP 等跨国公司相继宣布该年为"电子商务年",这也得到了很多信息技术公司和商务公司的响应。在 1999 年 12 月 14 日,Ziff－Davis 杂志牵头组织了 301 位世界著名的 Internet 和 IT 业的巨头、民间团体、学者等。他们利用半年的时间对 7 项 47 款标准进行投票,并确定了世界上第一个 Internet 商务标准。这并不是一个法律文本,但遵守它的销售商都在随后的几年中获得了更大的发展。

### (三)平稳发展阶段

进入 21 世纪,全球网络遭遇了第一次沉重的打击。美国纳斯达克指数暴跌,网络股的价值缩水让所有的投资人忧心忡忡。在这段时间,Internet 经济的泡沫集中了很多人的注意力。网络经济典范美国的亚马逊公司经营情况恶化、8848 等网络经济公司的倒闭等加大了人们的恐惧心理,甚至有人惊呼网络公司已经开始分享"最后的晚餐"。

面对如此严峻的局势,联合国有关组织加大了网络经济相关发展工作的力度。联合国促进贸易和网络经济中心(UN/CEFACT)与结构化信息标准发展组织(OASIS)正式批准了 ebXML 标准;联合国会议通过了《联合国国际使用电子通信公约》,这些都为促进世界网络经济的发展起了极为重要的作用。同时,各国政府也相继推出了各种鼓励政策,继续支持网络经济的发展。在世界经济萎缩和行业泡沫破灭的夹缝中解脱出来,网络经济步入了稳步发展的阶段。

### (四)全球网络经济发展趋势

网络经济作为网络化的新型经济活动,它正以前所未有的速度迅猛发展。它已经成为主要发达国家增强经济竞争实力,并赢得全球资源配置优势的有效手段,同时也已经成为我国战略性新兴产业与现代流通方式发展的重要载体。

全球网络经济整体发展速度较快,世界互联网和移动用户将继续不断增加。全球网络经济将呈现出不同国家和地区发展不均衡的特点并形成"三足鼎立"的局面,即欧洲、美国、亚洲三大地区。美国是网络经济的起源地,欧盟经济共同体也为网络经济发展提供了良好的条件。亚洲地区人口众多,网民规模快速增长。互联网发展空间大,其经济增长快速,用户消费需求不断提高。预计中国网络交易市场将超过日本成为继美国之后的全球第二大网络交易市场,同时亚洲地区网络交易市场将赶超欧美成为带动全球网络经济新增长阶段的火车头。

# 三、网络经济发展和我国经济转型升级

## （一）我国互联网应用从娱乐转向商务交易升级

在互联网时代,电商冲击给传统商品交易市场行业带来前所未有挑战的同时,也提供了前所未有的发展机遇。我国利用信息化技术手段改造市场、改进服务、融合电商,这是传统商品市场转型的必由之路。在互联网应用中,娱乐功能一直非常突出。随着互联网发展阶段从量升到质变,商务类应用成为新的增长点。长期以来,网络游戏、网络音乐、网络视频成为带动中国网民增长和互联网普及的重要应用。它的产业规模不断增长,它一度成为引领中国网络经济的领头产业。近年来,在网民互联网生活中,娱乐类应用的重要性逐步降低,商务类应用呈现迅猛的发展势头。以网络购物、网上支付、网上银行为代表的交易类应用用户规模高速增长,在网民中的渗透率逐步上升。中国网民网络生活的重心已经由单纯信息获取、媒体娱乐转向商务等高级应用,中国互联网应用推广进入到商务化的高级经济阶段。

## （二）网络经济促进农业产业化的发展

在网络经济环境下,我国大力发展农产品电子商务和农村电子商务是涉农经济发展的有效途径。农产品电子商务的发展将解决农产品销售、卖难、买贵等问题,它可以实现农产品流通的高效率提高农业的发展水平。农村电子商务有助于改善农村商业服务、提高农村人员的生活水平。其中,涉农电子商务的发展战略是大力扶持农业电子商务发展、加强人才培育和电子商务系统平台建设、引领涉农经济的全面发展。

电子商务在农村和农产品流通领域的应用将进一步丰富我国农产品市场交易的方式,它可以提高农产品流通的整体效率;促进订单农业的逐步发展;提升农村经济的发展水平。它有必要结合我国农村和农产品现代流通体系建设的总体要求,进一步完善农村和农产品电子商务相关物流和金融服务基础设施。我国正在加大农村地区电子商务应用人才的培养,积极支持农产品电子商务服务企业发展,积极创造条件、引导社会性资金加大在农产品电子商务中的投入及规范大宗农产品现货电子交易市场,鼓励传统农产品批发市场开展电子商务形式的交易,通过电子商务应用带动我国农业生产和销售的升级发展。

### (三)网络经济促进制造业的转型升级

制造业向高端转型升级可以逐步实现从低端向高端的转型升级,这是我国制造业发展的必然选择。在网络经济环境下,电子商务能够帮助制造企业减少中间环节。它可以直接面对消费者,大幅提高产品利润水平。同时,互联网技术的应用发展为消费者与生产者之间建立全新的信息交换沟通模式,它可以实现个性化、批量化、定制化的订单生产模式及定向销售、个性化设计模式。

国际制造业发展已经进入定制型、高端化发展阶段,电子商务有助于制造业与消费者的沟通和联系、减少中间耗费、融入消费活动、提高产业活力和竞争力。发展制造业电子商务的战略是以电子商务供应链和产业链发展为动力,通过资源共享着力解决制造业与消费者需求的矛盾;促进制造业的转型升级和创新发展;生产与服务融合发展高端制造业,从而形成产业融合的工业发展模式。

在网络经济环境下,电子商务在生产者和消费者之间搭建了一个数字化的便捷通道。企业与消费者的沟通变得更加直接和快速,其中间渠道的减少也有助于进一步提升企业的利润率。生产制造企业采用电子商务模式通过电子商务平台与海内外消费者建立了直接的联系管道。其中,产品的销售情况、顾客的满意度、新的需求等信息可以更加直接地从消费者反馈到生产者。生产者可以实时调整自己的生产计划和产品规划实现柔性定制化的订单式生产模式。渠道的缩短也有助于企业品牌的培育。同时,电子商务的应用也将帮助企业更好地在原材料采购、配套服务、物流管理等领域建立起敏捷的供应链体系,从而提高整体供应链效率和产品竞争力。

### (四)网络经济加快服务业的现代化进程

#### ▶▶ 1.促进传统服务业升级的发展

传统服务业是服务业中最大的群体,其需求多样化、运行效率低下。在网络经济环境下,电子商务有助于改造传统服务业运行模式、发挥服务业拉动产业链发展的功能,促进经济结构的调整和升级。为适应新一代消费者多元化的消费需求,传统服务业企业纷纷通过与电子商务平台合作开拓网上销售新渠道。例如,餐饮、住宿、美容美发、足浴、摄影、休闲娱乐等各种生活性服务业电子商务应用已经成为其重要的营销渠道。随着互联网的普及和广泛应用,越来越多的传统服务行业转型或衍生出相关产业链上垂直行业电子商务交易平台,同时传统零售企业大规模进军网络零售。例如,旅游、机票、酒店、餐饮等服务行业的 B2C 网上交易平台应运而生。在电子商务应用的带动下,传统服务业的服务手段、组织架构、营销模式已经在悄然发生着改变。一个更加快捷、便利的服务消费市场正在快速发展。

网络经济的发展也带动了金融服务业的变革。互联网金融的创新发展带来了普惠金融的变革,它推动了银行的业务创新。多家银行都积极开展了电子商务平台建设,例如,建设银行推出的电子商务金融服务平台"善融商务"、工商银行的"融 E 购"及我国人民银行开展了移动支付应用示范等。

### ▶▶ 2. 促进新型服务业的发展

在网络经济环境下,电子商务促进了各种新型服务业的发展。在线旅游、网络游戏、数字内容服务、社交媒介等出现并快速发展。个性化定制在旅游电子商务中逐渐凸显重要性。目前,网络游戏、数字内容、在线视频等产业已进入发展快车道。

围绕电子商务的开展,我国已经形成了一个以电子商务平台为核心的新型服务业体系。在电子商务的带动下,第三方电子支付、物流快递、网络营销或代运营、信用服务、软件服务、电子认证、云计算、网站设计制作、产品摄影、数据分析等相关现代服务业发展迅速。不断扩大的市场规模为电子商务服务领域的转化分工提供了可能,其细分的、深层次的甚至是全流程的电子商务衍生服务开始出现。我国电子商务服务业日益呈现出专业化、规模化、集聚化发展的特点。

### (五)网络交易推动国内外市场的一体化

### ▶▶ 1. 有助于促进区域市场一体化

网络经济的发展打破了企业在地域上的界限,它加速了企业之间的信息交流。企业可以依托互联网形成虚拟集群,并通过基于网络的分工与协作构建新的产业链和价值链,从而促进新型产业集群的形成或者提升传统产业集群的竞争力。而从区域层面来看,人们广泛应用电子商务及网络购物能够加速区域内部及区域之间的信息交流,它有利于促进不同区域的企业开展贸易与合作。同时,网络购物的发展将广泛而有力地促进区域内物流、金融、软件、教育、营销等支撑服务体系的建设和完善。它可以促使社会分工进一步细化,带动区域内现代服务业的发展。

**》》 2.开发国际市场的新渠道**

跨境电子商务是目前发展的一个热点,它成为我国加快转变外贸发展方式的新手段。我国传统的实体产品出口模式增长潜力受限,我们迫切需要革命性的变革来带动我国产品和服务的出口。电子商务有效解决了贸易便利性、产品的多种选择、较低成本的产品和服务等对外贸易的关键问题。随着质量和服务的提高,电子商务贸易逐步成为了我国对外贸易的新亮点。越来越多的中小企业开始从事跨境电商贸易,其跨境电商的模式也在不断创新。同时,这也催生了创新创业新一代的产生与壮大,其跨境电子商务逐渐崛起。

电子商务也使中小企业以更低的成本、更快捷的速度进入国际市场,获得与大企业同样的市场竞争机会。电子商务成为中小企业开拓海外市场、降低成本的重要渠道,还成为消费者便利消费的新选择,同时也成为转变外贸发展方式的新手段。通过电子商务发展对欧美市场的贸易是我国的重点任务,我们更应该大力开拓金砖国家、东南亚、非洲、东欧国家的贸易机会。电子商务带来了我国产品、技术和服务出口等对外贸易发展的重大机遇期。通过网络交易进出口将成为我国对外贸易的新途径,因此,跨境电子商务是扩大对外开放、促进出口的良好方式。它是融入经济全球化、提高国际竞争力的有效途径。跨境电子商务将成为我国企业拓展市场、推动我国产品转型升级的有效手段,也是开拓国际市场、发展国际贸易的新领域。

### (六)网络经济发展的政策法律环境在不断改善

在国家层面,我国对网络经济发展的政策扶持和法律监管进一步加强。国务院相关部门协同推进网络经济发展的工作机制初步建立,他们围绕促进发展、电子认证、网络购物、网上交易和支付服务等主题出台了一系列政策、规章和标准规范。这为构建适合国情和发展规律的网络交易制度环境进行了积极探索。

发展改革委、财政部、商务部、人民银行、海关总署、税务总局、工商总局、质检总局联合发布了《关于促进电子商务健康快速发展有关工作的通知》,我国重点推动国家电子商务示范城市创建。这不仅推动商贸流通领域电子商务应用快速发展,还规范电子支付、推广金融 IC 卡应用及研究跨境贸易电子商务便利化措施等工作。工商总局发布《网络交易管理办法》和《关于加强网络团购经营活动管理的意见》,工商总局以规范网络团购市场经营秩序维护网络消费者和经营者的合法权益。国家邮政局不仅修订了《邮政法》,还出台《快递市场管理办法》。工业和信息化部发布《互联网信息服务管理办法》,对实名制、网站准入条件、公民个人信息安全等问题做出了明确规定。发展改革会发布《关于鼓励和引导民间投资进入物流领域的实施意见》,该实施意见明确了支持民间资本进入物流业重点领域。同时,该意见提出要为民营物流企业创造公平规范的市场竞争环境。此外,商务部会同有关部委研究起草了《网络零售管理条例》和《网络零售第三方平台交易规则管理办法》,商务部会同有关部委力争在电子商务规制建设上取得突破。网络交易的规范化进程在加快,它将更加有序发展。

# 第二节 网络经济提高居民消费倾向的作用

## 一、网络经济有利于消费实现条件的优化

### (一)网络经济有利于流通方式产生革命性变革

中国正在经历一场流通革命。在网络经济时代,中国的分销体系很可能迎来一次大的重构,商业企业要把握住这个机遇。流通方式是商品流通过程中采用的技术手段、经营方式、管理方法的总和。它体现着流通当事人与生产者和消费者的适应关系,它是生产方式在流通中的具体表现。从历史进程来看,企业为了实现利益最大化,流通方式的升级向来都是以增加流通效率、降低流通成本为目标的。流通方式的优劣与商品价值的实现息息相关,它与消费品价值和消费的最终实现密切相关。

**》》1.网络的应用对传统流通方式的影响**

网络经济的发展改变了传统的商品流通方式,它减少了中间环节。在网上,买卖双方借助各类中介服务机构完成商品交易的主要过程实现了流通方式的革

命性变革。互联网与商品流通的结合打破了长期以来固有的地域和人际关系界线,它对商品流通方式产生的革命性变革正在显现。

目前,电子商务的发展趋势从一线城市消费为主,转变到二三线城市和县以下地区的消费需求暴增。这对农村电子商务的发展和提高农民收入也有积极意义。数据表明,三四线及以下地区的消费增长速度达60%以上。它们要远远高于以传统消费作为主力的一二线城市的40%。艾瑞数据显示,电子商务市场规模增速有所回落,其主要原因在于国际贸易增速的回落及欧债危机不断加剧,美国经济复苏缓慢,而全球经济收缩步伐加快所导致的。然而,中国电子商务市场交易规模逐年增长趋势仍很显著。从中我们可以看出,网络经济对流通方式变革的深刻影响。

**▶▶ 2.网络和商品流通结合的效应逐步显现**

在传统的线下零售方式中,企业所能销售的目标市场范围和消费者所能购买的商品种类都有限。网络零售打破了区域的界限,它可将卖家、买家的销售、购买范围扩大至全国,甚至是全球。随着网络零售的逐渐深入,网络零售的地域覆盖面得到更大拓展。

(1)网络零售显著促进跨省交易

网络零售业持续高速发展为区域经济发展添加了新的影响因素。它具有实时性、虚拟性、交互性的特点。它可以降低区域经济对自然资源的依赖度、节省交易成本、优化资源配置,从而扩展区域企业经营范围。企业提高区域需求水平有效促进产业结构优化升级。网络零售帮助各地企业和消费者对接全国大市场,这有利于全国统一的流通大市场的形成。目前,网络零售有两条较为明显的商品流通路线,即优质品牌商品从东部流向西部和地方特产由西部流向东部。

(2)网络零售使跨境交易成为可能

当前,海外代购等跨境网络零售形式开始兴起。它主要集中在化妆品、箱包、服装、手表等领域。海外代购火热的主要原因是海外品牌在国内的价格相对较高及人民币升值等。例如,作为奢侈品的国际品牌女包,它的代购价格甚至比国内专柜便宜两成以上。消费者通过网站代购海外商品主要有以下两种方式:一种是直接登录海外代购网站购买商品。这种网站的商品一般都是以当地货币和美元标价,消费者以美元支付;另一种是消费者将商品的品牌、型号告诉专业的海外代购卖家。产品由代购卖家到海外购买,消费者以人民币支付给卖家。当然,海外代购也存在着质量、价格、退换货、消费者权益保障等风险和麻烦。

## （二）网络交易流通方式对消费实现产生的影响

**》》1. 商流的畅通和消费的更好实现**

在网络交易商品流通方式中，商流是交易的核心，也是交易的最终目的，它处于最高端。我们实施网络互联就是为了顺利实现信息流、资金流、物流、信用流和人员流的畅通，最终实现商流畅通和消费的实现。它具体体现在以下三个方面：一是通过建设网站进行信息的发布、传输和交流，我们可以沟通各相关市场主体，从而实现信息流通；二是通过采用网上转账等电子支付手段，我们可以帮助权利出让方获得商品价值，从而实现资金流通；三是通过配送体系等方式，我们可以完成商品实体的空间转移，从而帮助权利受让方获得商品或服务的使用价值。与传统流通方式更为鲜明的对比在于，在整个网络交易商品流通过程中，人员流和信用流是有效完成交易的根本保障。另外，法律法规、技术支持、政府机构也是支持条件。

通过互联网技术在产、供、销各环节之间建立起一种畅通的产销联通体系，我们不仅能够最大限度消除了商家进销之间所产生的时差，还能更加有效地配置资源和满足消费的需求。它的优势集中体现在以下两个方面：一方面是信息和供应链条短、流转环节少，它可以使面向消费者的直接销售和服务大大增加，从而加快商品的周转、销售；另一方面是产销的适应性增强。具有灵活的控制机制既满足消费者需求又降低成本。

**》》2. 信息不对称的改善和消费的更好实现**

在消费商品或服务时，消费者总是对市场提供的商品（服务）进行充分比较后选择以最小的消费投入并获得最大满足的商品（服务）来进行消费。实现消费效用最大化的目标需要消费者充分掌握市场信息，它具体体现在以下两个方面：一方面是有关商品或服务的信息非常充分，它可供消费者进行彻底的比较和选择；另一方面是消费者可以主动获取他所消费商品或服务的信息，而不是仅被动地依靠厂商提供给自己。

在传统经济环境下，厂商虽然可以通过实体场所的展示即橱窗陈设、广告、发布会等形式来主动传递企业及其产品信息，但这种信息受制于所发布信息总量的限制。厂商难以实现信息对称,并且信息的单向发布使消费者处于被动地接受信息的地位。

在网络经济环境下,消费者掌握了获取信息的主动权。网络交易方式可以方便地记录交易活动的全过程,积累翔实的商品供给和消费需求数据。通过网络渠道的信息共享,人们可以极大地消除供求双方信息的不对称和不完全,从而促进产销契合与消费实现效率的提高。随着用户和商户规模的快速增长,网络交易次数更为频繁。交易商品更为多样、交易信息更为庞杂、网络零售平台已经存储了海量数据,并且每天还在新增大量数据。这些数据蕴含着每个用户和商户的属性信息、每笔交易的详细信息等。从中可以分析得出:各类用户、各地区、各类商户、各国的销售和生产状况与偏好等不仅能指导企业运营,也能对制造业和宏观经济发展起到先行预判作用。

依托大数据分析,政府部门正在积极准确地分析市场规律、研判经济发展趋势,从而有针对性地加强宏观调控。企业可以更为准确的判断消费者需求、调整产品设计和生产规模、制订更具市场竞争力的营销方案及更有效地提高服务、提高市场运行效率,从而扩大居民消费。

### (三)网络交易流通方式促进消费对象拓展与消费结构升级

#### ≫≫ 1.拓展消费对象

(1)高价值耐用消费品逐渐在网络上销售

在网络消费发展的初期,电器、电子类产品以其标准化优势迅速成为网络消费的主要领域。随着网络消费渠道的逐渐成熟,一些高价值耐用消费品开始通过网络市场进行销售。以汽车为例,目前,已有很多品牌的汽车整车开始在网上销售。例如,奔驰、宝马、奥迪等汽车已经在淘宝商城上出售,它的付款方式以交定金为主要方式,也有少数支付全款。

(2)奢侈品网络零售引起消费者关注

目前,我国已出现商品网、走秀网等专门的奢侈品网站,而做传统大众消费品的在线零售商京东商城也进入了奢侈品领域。根据《中国奢华品报告》统计,精品店等零售渠道和官方网站依然是消费者最主要的品牌信息获取渠道,而垂直网站及门户网站则分别位居第二与第三。年轻消费者对在线购买奢侈品持更加开放的态度,有35%的受访者表示他们通过网络购买奢侈品。不过,奢侈品品牌商对零售渠道的管制通常较为严格。目前,非官方奢侈品网络零售商并不具备与奢侈品品牌商直接合作的基础和能力。因此,这就造成奢侈品网络零售在货源的稳定性上难以得到保障。另外,奢侈品网络零售还存在着售后服务难以保障、网上交易量少、缺乏高端物流服务等问题。奢侈品网络零售商服务质量参差不齐,鱼龙混杂。网络零售商靠超低打折卖货,其利润低微,同时也无法树立起奢侈品零售的高端形象。

(3)服务领域成为网络消费新热点

以航空公司电子商务为例,目前,国内主要航空公司均可以在门户网站购票。航空公司能够提供机票实时查询、最低票价搜索、在线机票预订、航班状态查询等一站式服务,消费者可以通过票到付款、信用卡在线支付、银行转账购买等各种方式购买电子客票。与传统购票方式受到时间空间限制不同,网上购票全天开放。消费者可以随时随地购买,这省去了人工问询、取票、送票、改签等环节,从而极大地方便了消费者出行交通需求。

(4)文化产品成为网络消费特色领域

信息技术产业是一个高智力投入和产出的新兴产业,信息技术与文化内容相结合并通过网络渠道的传播产生了网络经济环境下特色的文化产品。网络消费者年轻化与知识化特点使其表现出对文化产品进行消费的强烈需求。其中,网络软件、网络音视频、网络游戏等网络文化产品是典型代表。

### ▶▶ 2. 有助于消费渠道的创新

随着移动电子商务的服务领域越来越广泛,移动电子商务衍生出移动视频、游戏、阅读、位置服务等各种虚拟产品和服务。它不仅拥有了一定规模的消费群体,也成为吸引网上用户赢利新模式。此外,在公共交通、消费购物、电子票务、旅游、金融、医疗、教育等领域上,移动电子商务开展了多项试点应用,它为百姓的日常生活带来了诸多便利。

### ▶▶ 3. 有助于消费模式的创新

(1)自我主导型消费模式

在网络经济环境下的消费关系中,消费者行为的自我主导性显著增强。消费者通过网络主动输送商品需求信息并选择厂商,然后他们可以获得个性化定制的消费品。此时,消费者深入生产过程中,他们参与了商品的设计和制作且处于完全主动的地位。因此,消费者利用互联网能够充分实现他们自身作为潜在购买者的价值。随着多媒体和网络技术的发展,网络经济环境下的消费开始具有无形化、网络化、虚拟化、全球化、自由化的新特征。此时,消费者利用接入互联网的计算机终端设备进行的自我主导型消费模式将占据主流地位。

（2）发展型消费模式

网络经济是基于知识的经济,网络经济环境对消费者个人素质提出了新的、更高的要求。由于信息的大量汇集,没有控制和组织的无序信息可能不是一种资源,反而成为消费者面临的干扰条件。因此,消费者可以选择的信息越多,他们做出选择的难度越大。这对消费者的消费能力要求越高,他们必须具备与网络经济环境相适应的知识水平、理解能力和操作技术。在网络经济条件下,知识、信息、发明等公共产品和半公共产品在消费中的地位和作用更加重要。它们既是消费者的消费对象,又是消费者劳动力生产和提高自身素质的重要资源。因此,在消费过程中,消费者应该逐渐学习提高,即消费过程和劳动力再生产过程的统一。这是网络经济环境下消费模式的突出特点。

（3）消费结构的升级

消费结构及其变化反映城乡居民生活水平提高程度及社会经济发展状况。居民消费结构升级是居民消费增长定律的作用结果。通过消费结构升级扩大内需,再通过扩大内需来拉动经济增长,这集中体现着消费需求对生产的决定作用。在网络消费方式和消费者追求绿色健康食品需求旺盛等多重因素共同驱动下,近年来,我国居民消费结构不断升级。其中,品牌化、高品质商品的网上交易额持续上升。

**（四）网络交易流通方式有利于潜在消费能力的释放**

从我国目前情况来看,网络购物消费绝不仅仅是线下购物的替代渠道。实际上,它还刺激了新的消费增长。由于我国三四线城市和县以下的实体零售网点发展相对滞后,其商品品类和品牌相对匮乏,同时质量和档次有待提高。所以,新增消费在这些地区更为显著。网络购物消费方式的应用使得这些地区的消费者现在可以通过网络渠道买到以前在本地市场无法获得和消费的商品。除了激发那些需求未得到满足城市的消费潜力外,网络零售还使得中小企业和创业者们能够直接面向消费者销售,从而释放其增长潜力。虽然三四线城市和县以下的线上消费者平均收入水平较低,但他们的线上消费规模几乎等同于一二线城市的线上消费者。

网络购物消费方式正在促进城乡市场一体化发展,促进了工业品下乡和农产品进城双向流通和消费的实现,城乡居民可以"人在家门口,货从网上走",这一网络经济时代城乡化的新途径,正在逐渐缩小城市与县域间的消费水平差异,持续推动城乡居民消费的均衡发展。

## 二、网络经济降低消费实现成本

### (一)降低交易成本

**▶▶ 1.流通费用的降低**

(1)降低了仓储费用

近年来,我国电子商务特别是网络购物的发展极大地带动了我国第三方物流(Third-Party Logistics)的发展。以"四通一达"为代表的民营快递公司的蓬勃发展,它支撑了我国电子商务的高速发展。电商企业不仅能最大限度地减少库存甚至实现零库存,又能保证有效供给、降低了仓储费用。

(2)降低了运输费用

在网络经济环境下,作为一种专业化的社会物流组织其第三方物流高度系统化、集成化和信息化的管理体系、自身资本积累集聚的能力、庞大的物流网络覆盖规模使其具有很强的规模经济。在运输作业中,企业使用 GPS 技术可以对货物进行实时的跟踪。客户可以随时查询货物的位置及状态,他们可以提前对货物的接收和装卸人员进行安排。这不仅增加了运输的透明度,而且提高了装卸效率,从而有效降低了运输费用。

(3)降低了配送费用

电子商务物流的发展衍生出"自提"模式。对于物流而言,物流配送的"最后一公里"是最难解决的问题,对于以生活服务为主的电商物流更是如此。它具体体现在以下两个方面:一方面是电商企业要提高客户服务水平;另一方面是电商物流企业要降低成本。两者无法达成一致的利益分配共识,也制约着合作与创新的进程。在这样的背景下,"自提"模式诞生。它成为主流物流配送模式。自提点的设立除了电商企业、物流公司及便利店之外,第三方收货平台也加入进来。线上主要与电商合作,电商企业通过自主开发的代收货管理系统将线上、线下衔接起来,从而有效降低了配送费用。

#### 2. 交易费用的降低

(1)降低需求匹配费用

在传统商务中,卖方要派出推销员到各地联系买家,甚至要在各地建立专门的销售机构。在网络交易环境下,卖方发布信息和买方对信息的采集分析处理主要通过互联网进行,这能有效地节约人力和时间。在传统商务中,各种正式贸易单证的传递主要通过邮寄方式传递。在必要时,双方需要派人进行面对面的磋商。在网络交易环境下,整个磋商的过程可以在互联网和计算机系统的支持下完成。这不仅能保证双方电子交易合同的准确性和安全性,还能传递信息的费用也大大降低。同时,电子商务可以降低交易过程中需求方和供应方信息不对称的程度,甚至可以扭转信息不对称的情况,从而大大降低信息搜寻和需求匹配费用。

(2)降低企业管理费用

随着网络经济的快速发展,信息化带动传统流通业升级改造,这可以推广先进流通经营与管理技术,从而发展现代流通。网络交易使整个市场置于电子商务平台之上,市场组织成本和管理成本极大地降低了。它可以利用市场组织生产在一定程度上比企业组织生产更为经济,从而有效降低企业管理费用。

### (二)提高流通效率

在流通领域单位时间内,"流通效率"是指所实现的商品价值量与流通费用之比例。在网络经济环境下,依托互联网平台的商品流通模式将产、供、销及消费者直接联系在一起,其流通过程极大简化。它不仅缩小了交易双方空间上的距离、加快了资金周转速度,还提高了流通效率。

#### 1. 网络交易方式可以简化流通过程

生产企业和供应企业通过互联网平台组成的虚拟联合体共同组织生产,从而最大限度地满足消费者的定制化、个性化需求。生产企业可以绕过生产资料批发商直接向上游生产企业进行原材料和产品的采购。信息流在供应链上的各个企业之间同步传输,它可以消除了大量中间环节。信息流不仅节约了预定、销售、仓储和物流等费用,还提高了信息传递的及时性。供应链上的企业可以在开放的互联网上与消费者进行直接沟通,其信息传递效率显著提高,从而达到了去中介化效果。

在网络经济环境下,供应链管理致力于对相关企业产品和交易行为进行数字化和系统化的管理,同时对供应链上的各个企业进行合理优化。这样的高效管理使生产企业和消费者都从中受益。企业不仅产生了新的业务增长点,同时也更好地调整了供求关系,从而实现了消费者需求信息的高效传递。基于互联网平台的供应链管理可以采用电子商务技术简化业务流程,它将有效地提高交易效率、降低产品成本、缩短生产企业响应市场变化的时间、减少社会产品的存量,从而使消费者获得更好的产品和服务。

#### ▶▶ 2.网络交易方式可以加快流通速度

网络交易方式的迅速发展不仅改变了传统流通模式,还扩展了流通渠道和市场空间。网络交易平台能够迅速地收集和处理大量的商业信息,它满足了供应商、制造商和销售商的信息需求。网络交易方式缩短了生产厂家与最终用户之间供应链上的距离,它改变了传统市场的结构,并确保信息流和资金流在各个企业间的实时交流。在消费者需求的强力拉动下,这极大地提高了流通效率。

在传统交易模式下,信息采取单向逐级传递的方式,其交易信息容易引起供应链的波动;在网络经济环境下,整个供应链共享交易信息,供应链的协调性和稳定性得到巩固。供应链上的各个企业通过网络协作结成了一个有机整体,通过科学的规划使供应链上的各个企业形成一个战略联盟。"开放式""一体化"的供应链管理有效集成了实现了供应链上各个企业的信息资源。电商企业利用电子商务带动产业链上下游企业协同联动不仅增强了整个供应链的管理和运作能力,还缩短了物流响应时间,从而提高了物品可得率和资金周转率。

随着移动互联网、物联网、云计算、大数据的发展,供应链管理成为物流发展的必然趋势。这是实体经济发展的必然趋势,也是改变经济发展方式的突破口。所以,"智慧物流"一定要向"智慧供应链"延伸。通过网络交易方式和电子商务技术实施商流、物流、信息流、资金流的一体化运作可以使市场、行业、企业、个人联结在一起,从而实现智能化管理与智能化生活。

#### ▶▶ 3.可以提高流通产业社会化程度

网络交易方式将市场供求信息转变为全社会可共享的资源,同时重新整合了物流。这为实现直线距离最短配送奠定了良好基础。网络平台促使流通资源的配置更加合理化,生产企业、流通企业将企业内的流通设施如运输工具、仓储设施、商业网站等服务于社会,提高资源的使用率。除此之外,它推动了流通组织的创新,如传统商业企业开始尝试将网上业务与网下业务结合、第三方流通组织的出现、网络中间商开始成为强大的流通中介组织,从而发挥第三方中介平台作用。

网络交易和物流服务集成创新不断增强。煤炭、钢铁、塑料、粮食等大宗商品电子交易与物流服务集成正处于健康发展阶段。物流、快递企业依托信息化进一步提高了社会化服务水平,也增强了对网络交易的支撑能力。同时,电子商务与电子支付集成发展,互联网支付(包括第三方支付、移动支付等)更加速了商贸流通。目前,电子商务企业已经开始与物流企业、信用机构、金融机构加强合作及探索供应链金融等服务创新,从而进一步提高流通效率。

### (三)消费品价格降低和实际购买力增强

除了拉低整体零售价格外,网络零售还有力地推动更大范围的零售部门提高效率和现代化程度。而零售供应和需求之间更好地协调有助于提升整体经济的效率,从而减轻消费的预算约束,提高消费者剩余水平。众多的零售企业的管理者采用低价方法来塑造销售的产品更便宜更实惠的形象以吸引消费者,提高企业的知名度和市场占有率。低价格保证策略在我国也得到了一定的实践。例如:家乐福的一些分店有"找到更便宜,退回两倍差价"的承诺;欧尚超市的一些分店提出如果同类产品在其他商家处购买更便宜,将补偿 10 倍差价。

# 第三节　网络经济环境下扩大居民消费的政策建议

## 一、建立健全网络创业就业扶持政策

### (一)保障网络创业人员享受现有的就业扶持政策

▶▶ 1. 推动现行促进网络创业就业政策的落实

我们应该将现行的积极就业政策和对实体经济的创业扶持政策向网络创业就业延伸。它包括放宽经营范围、解决好经营场所问题,允许在家庭住所、租借房、临时商业用房等场所进行网上创业。国家提供资金、信贷支持政策和税费减免政策、拓宽融资渠道,从而引导社会资金对具有成长潜力的网络创业进行投资。国家对符合条件的网络创业者提供小额担保贷款、给予税收优惠和社会保险费补贴。

#### ▶▶ 2.扩大就业政策范围及覆盖网络创业与就业群体

对经工商登记注册的网络创业就业人员,我们可以认定为自主创业就业人员。自主创业就业人员可以享受现行的创业扶持政策,它包括小额担保贷款、创业资助、自谋职业自主创业补助等扶持政策。对失业人员和残疾人创办网店进行工商登记注册的,国家免收管理类、登记类、证照类行政事业性收费。对网络创业的小微企业,其符合条件的可以享受税收优惠政策。

依托骨干电子商务平台和行业组织,国家对有网络创业愿望和潜力的劳动者将纳入创业培训体系并给予培训补贴。根据市场对网络就业人才的需求情况,国家正在有针对性地培养网络企业管理和技术人才。网络经济比较发达的地区,国家正在制定出台网络创业孵化政策,并在网络基础设施使用、物流仓储租金等方面实施相关补贴政策。

#### ▶▶ 3.完善维护网络从业人员合法权益的体制机制

政府相关部门正在加快研究制定适应网络经济发展的劳动用工政策及劳动标准,同时规范网络企业劳资关系。经工商登记注册的网络企业和个体工商户,其招聘用人应按照劳动合同法执行。未进行工商登记注册的,企业或个体工商户应当根据劳动合同法签订劳动合同,同时应明确双方权利、责任和义务。对网络创业雇主与雇员之间的劳动争议,他们应按照"鼓励和解、加强调解、加快仲裁、衔接诉讼"的原则及时妥善处理,从而引导当事人依法通过仲裁机构、民生诉讼等渠道解决劳动争议。

### (二)出台针对网络创业就业的新政策

#### ▶▶ 1.制订创业扶持和就业保障政策

随着网络创业成为就业的新增长点,政府正在研究适合网络创业开展的新政策。他们可以加强对网络创业的资金保护,并在信贷、税收、补贴等方面给予政策支持。国家主管部门应共同协商制定国家网络创业就业标准和统计报表,定期征集网络创业就业数据,并进行分析整理后向社会公布。此外,政府正在积极鼓励电子商务企业创新发展,从而加强对企业在信息技术、发展模式、业务模式等方面创新的支持。特别是地方政府时刻关注并积极推动电子商务的创新发展。在下大力度解决就业人数问题的同时,国家还关注就业质量问题。国家不仅重视电子商务教育在高校、专科院校、中职院校、网络教育中的开展,还关注学科建设与实际需求的衔接,从而加大对电子商务人才的培养力度。

#### ▶▶ 2.加大税收政策的优惠力度

对我国境内面向小型微型企业和个人创业者提供第三方电子商务平台服务的企业,经认定后,自获利年度起,他们享受企业所得税"两免三减半"的优惠政策。国家对电子商务企业购置网络服务器等专用设备的投资额和市场拓展的广告宣传费用,他们可按一定比例实行企业所得税税额抵免。国家对省级以上电子商务示范企业适当减免房产税、城乡土地使用税和水利建设基金。

#### ▶▶ 3.完善财政金融的扶持政策

国家利用财政资金扶持具有一定规模和实力的品牌企业自建平台开展网络交易,并对其平台建设维护费用按一定比例给予财政补贴。国家支持第三方交易平台提高商流、物流、信息流整合能力与服务水平,也鼓励面向小型微型企业和个人创业者开展服务。同时,国家利用财政资金给予改造升级费用和会员费用补贴。国家支持一批特色产业集聚区和专业市场开展电子商务示范基地建设,并结合区域特点和产品优势建设网络交易平台。支持第二方交易平台与商业银行合作,并为中小企业和个体工商户提供网络联保和供应链融资服务。同时,国家建立信用风险分担机制。国家不仅支持电子商务示范企业上市,还积极利用资本市场融资。同时,国家支持符合条件的电子商务企业在银行间债券市场发行短期融资券和中期票据。国家通过财政资金引导风险投资、创业投资基金投向电子商务领域。

#### ▶▶ 4.建立健全行业公共服务体系

国家引导商业银行提高在线支付服务水平,降低电子商务企业支付服务收费标准,并对重点电子商务企业手续费封顶,从而推进商业预付卡网络购物功能普及。国家对电子商务企业仓储配送中心建设用地指标予以重点保障。国家不仅积极推动第三方网络交易平台降低小微企业准入门槛,同时还增强创业辅导、管理咨询、物流整合、数据共享、人才培训、网络推广等公共服务功能。国家依托行业协会和骨干企业加快发展电子商务网络广告联盟、提高联盟运营的规范化水平、扩大知名网站的覆盖范围,从而降低中小电子商务企业网络推广成本。国家支持电子商务企业与高校联合培养技术和管理人才。国家促进一批特色产业集群、专业市场与电子商务的对接,并探索实体市场与虚拟市场互动结合经营模式,从而增强集聚优势、规模效应和辐射带动能力。

## 二、加强网络消费的应用促进与政策扶持

### (一)加快发展电子商务及完善便利消费长效机制

目前,电子商务正在日益获得发展。与传统商务模式进行对比,电子商务本身具备便捷性与高效性的基本特征,并且,它能摆脱区域的约束。但是,我们不应当忽视当前电子商务并未能达到最优的发展程度。因此,它仍然有待予以相应的商务模式改进。据此,我们应该推动目前阶段的电子商务的转型与发展。随着以互联网、云计算、物联网等为代表的信息技术飞跃发展,电子商务与实体经济深度融合。这对生产、流通、消费乃至人们的生活带来深刻影响。大力发展电子商务已经成为一些国家和地区扩大居民消费的重要战略举措。当前,我国正处于转变经济发展方式的攻坚阶段。我们应从战略高度搞好推进电子商务发展的顶层设计,突破土地、能源、原材料和劳动力等要素制约及发挥好电子商务在打造中国经济升级版中的作用,从而充分分享"互联网革命"红利。我们应该从当前中国网络经济和网络消费发展状况,尤其是亟待解决的突出问题出发。我们不仅应重点关注关键要素,还提出有效的解决方案并逐步扎实推进、构建良好的市场发展环境,从而促进网络消费市场的持续快速健康发展。

### (二)建立健全网络消费物流配送体系

>> 1. 提升物流配送基础设施建设

中国现代物流设施总量仅为 580 万平方米,对于一个 14 亿人口的大国而言,

这一数字明显偏低。此外，物流设施由于缺乏空运能力，二线以下城市的配送通常需要2天以上才能完成。一、二线城市以外城市的送货慢问题可能降低客户购买非必需消费品的意愿。因此，我们要采取措施加快物流基础设施投资。在自动化设备、现代仓储能力和空运能力方面，我国正在出台税收优惠、财政补贴和土地使用等扶持政策。结合城市商贸流通体系建设、"万村千乡市场工程"配送体系建设、乡镇综合商贸服务中心建设，我国鼓励整合利用现有物流配送资源，同时建设物流信息协同服务平台和共同配送中心。我国鼓励发展第三方物流，提高物流专业化、社会化、现代化水平。我国正在积极培育现代物流企业，支持和引导优势企业战略合作和兼并重组，支持中小企业集聚化。

### ▶▶ 2.加快快递行业转型升级

我国不仅支持地铁、社区便利店等人流密集、靠近最终消费者的地方建立快递服务中心，还妥善处理交通管理与快递发展的矛盾，从而尽早为企业解决"最后一公里"问题。我国鼓励快递企业创新运行机制，它可以推动企业功能整合和服务延伸，进而融入产业链、供应链和服务链。快递企业创新运行机制可以加快向综合型快递物流运营商转型。我国正在推进快递物流园区建设，从而实现产业集聚、功能集成和经营集约。我国鼓励快递企业拓展网络、优化布局、完善运营机制，从而提高网络覆盖率和稳定性。国家引导快递企业转变竞争方式，企业由偏重价格竞争向服务品质竞争转变，从而提升服务品质、打造服务品牌。国家正在加快快递业兼并重组，引进国际知名快递企业。为解决配送的"最后一公里"问题，企业可以减低配送成本、提高用户体验、设立自提点。

### ▶▶ 3.促进快递服务和网络零售协同发展

鉴于网络购物所产生的快递业务量很不均衡，国家正在推动旺季服务保障应急机制建设。政府加强了业务旺季期间快递服务的督导工作，切实做好旺季服务保障基础工作。按照国家邮政局和商务部联合发布的《关于促进快递服务与网络零售协同发展的指导意见》的精神，国家推动双方信息共享、标准对接让网购配送变得更加快捷和便利。企业向社会公告旺季期间快件流量、流向信息和消费提示可以引导消费者根据需要适度调整节前消费习惯、理性错峰使用快递服务。

#### ▶▶ 4.运用电子商务改造流通企业的供应链

在需求的不确定性大大增加的电子商务环境下,企业的供应链必须具有足够的柔性,企业应该随时支持用新的平台和新的方式来获取原材料、生产产品、取悦顾客并完成最后的配送工作。企业可以利用电子商务改造供应链建立动态联盟,这样可以极大地提高供应链的柔性。供应链集成的最高层次是企业间的战略协作问题。当企业以动态联盟的形式加入供应链时,即展开了合作对策的过程,企业之间通过一种协商机制谋求一种双赢或多赢的目标。此外,企业还要构建统一的信息平台,统一管理"虚拟贸易社区"。通过统一信息平台增加各供应链节点之间的交流,企业将有效地防止信息延迟,从而增加供应链的响应速度。

#### ▶▶ 5.实体和虚拟相结合提高配送水平

企业促进线上线下业务相互融合既可以克服"电子"的虚拟对购买者的困扰,又可以有效地吸引上网或打字困难的人群。客户容易进入、实在体验、安全购买和便利退换,其克服电子商务的局限性。企业应促进线上线下业务融合及弥补虚实流通业两个方面的不足,从而使电子商务企业与实体流通企业各司所长,达到虚拟与实体间专业分工的效率和合作的利益。国家鼓励大型零售企业开办网上商城,它可以促进线上交易与线下交易融合互动、虚拟市场与实体市场协调发展。企业应该利用已有的零售分店解决线上订购的物流问题,即网络进行商品的展示、销售、支付,实体据点用于配送。这样可以弥补实体店购物无法实现比价、配送上门、价格过高、网点不便等不足,从而改变实体流通业销售在时间和空间上的局限,进而扩大服务半径、提高服务能力。

#### ▶▶ 6.切实提升商品寄递服务的规范化水平

网上购物送货上门的优势源于寄递企业的服务支撑。但同时,由于寄递企业服务行为的不规范,也存在一定的安全风险。因此,政府正在切实加强对商品寄递环节的监管。它具体体现在以下三个方面:一是严把网购物品收寄关,保障寄递渠道安全。收寄验视是保障寄递安全的关键环节,我们必须确保严格落实到位。政府正在加强对寄递企业的指导,并督促其按照网上交易分类情况制定切实可行的验视封装制度及安检措施,从而把好网上购物的收寄关。总体上,政府要求网上购物寄递服务企业与大宗客户签订安全保障协议。同时,企业应该对散户确保实行验视制度,并加盖验视章。二是制定寄递企业代收货款管理办法维护消费者合法权益。政府研究制定《寄递企业代收货款管理办法》,其推广部分寄递企业采取的"先验货,后付款"的做法,从而维护消费者的合法权益。该管理办法要求寄递企业与委托方签订安全保障协议、明确责任,从而保障寄递物品的安全。三是加强监督检查。政府切实按照"谁经营,谁负责"的原则督促所有寄递企业严格执行国家有关禁寄物品规定,并制定紧急预案。政府要求所有寄递企业组织员工学习可以寄递物品识别和处置方法,加强防范、常抓不懈。另外,政府已经建立监管抽查制度加强日常监管抽查。

### (三)规范互联网支付与金融市场

#### ▶▶▶ 1. 提升互联网支付安全保障水平

(1)完善支付监管相关法律规章

国家正在积极完善支付监管相关法律规章,其具体体现在以下三个方面:一是基于网上支付的现状及存在的安全问题,完善相关的法律法规,并与国际相关的法律接轨。我们应该继续加强对第三方支付机构的规范之路,监管重点从准入审批的硬指标管理,逐步转向风险防控和高管准入等软约束采取分级监管、提高支付机构高管准入门槛等方式。二是规范合同条款,保护消费者利益。我们需要完善社会信用机制,加快网上支付信用机制建设,从而使银行可以追踪客户的信用档案。国家正在积极确定对客户的授信额度,并将其不良行为记录纳入社会征稽体系。三是加强对网络犯罪的监控。国家正在联合第三方支付企业、安全厂商,通过技术手段严厉打击侵犯网上支付安全的犯罪行为。

(2)加强安全支付软环境的建设

技术层面的防护是保障支付安全的硬环境,用户的自我保护和全社会的监督是保障安全支付的软环境。因此我们要加强网上支付安全宣传帮助用户树立安全意识,提高消费者对网上支付平台的使用水平。第三方支付企业要更加主动利用平台帮助用户形成安全上网习惯及维权的意识。消费者可以通过第三方支付工具提供的索赔程序维权的,第三方支付企业要坚决保障用户的合法权益。需要诉诸法律的,在防止用户利益受损的同时,支付企业通过信息保全方式协助用户使用司法程序追偿损失。

（3）打造网上支付安全生态体系

支付系统安全是一个复杂的综合工程，它不可能只通过单一的技术防护措施就能保证其安全性。我们必须施加访问控制、存储保护、身份验证、安全服务协议、入侵检测、数据备份、病毒防范等全方位的安全技术。同时，我们要密切关注新的网络攻击手段及其应对策略及时更新支付系统保护技术。此外，我们仅仅在技术层面上的防护措施是不够的，其完善的管理制度和风险防范机制、紧密配合的安全生态链尤为重要。未来需要加强由银行、第三方支付机构、安全厂商、商户、监管机构共同构筑的安全支付生态系统，甚至可以打通安全产品为用户提供更全面的安全保护。

#### ❱❱ 2.推进互联网金融健康发展

当前，互联网金融迅猛发展。在依托互联网助推金融体系改革、优化金融资源配置、提高金融交易效率的同时，也放大了金融风险隐患。政府正在积极借鉴发达国家经验和做法推动我国互联网金融健康有序发展。它具体体现在以下五个方面：一是全面深化金融体系改革，稳步推进利率决定的市场机制，完善资本市场建设，加快建立健全社会征信体系，培育良好的宏观金融制度环境；二是加快监管法规体系建设，积极践行培育与防范风险并举、鼓励和规范并重的监管理念，引导互联网金融发展方向；三是在鼓励互联网金融创新的同时，政府正在全面提升监管水平，加紧填补监管真空，加强对信息风险的研究和监管，注重不同监管部门之间的分工协作，从而形成合力；四是推动建立行业自律机制，强化企业内部控制和信息披露，促进企业之间、企业参与者之间的信息对称，从而营造健康的市场运行氛围；五是不仅要积极参与制定网络货币、第三方支付等议题的国际监管规则，还要增强我国的发言权。这是互联网金融成为我国参与全球网络治理和国际金融治理的新手段。

## 三、网络市场消费风险的降低

### （一）完善互联网经济与消费相关立法体系

#### ❱❱ 1.完善电子商务立法体系

目前，我国电子商务立法滞后于电子商务实践发展需要。我们要遵循电子商务发展规律和特点及时修订完善合同法、电子签名法、广告法、反垄断法、反不正当竞争法等相关法律法规,创造电子商务健康发展的法制环境。我国推动《电子商务法》制定,它可以进一步规范电子商务市场秩序、净化电子商务市场环境,从而保障电子商务健康、快速和可持续发展。国家正在积极出台明确电子商务有关责任主体法律地位及其责权利关系、市场准入退出机制、交易规则等的专门法律,当前尤其要抓紧出台网络零售专门法规。针对第三方交易平台技术服务、定价机制、诚信记录、第三方评价、信息披露、应急保障等重要领域研究制定专门管理办法和行业标准,国家正在建立针对各类市场行为的规则体系,逐步形成各市场主体之间和谐共生关系和良性互动机制。

### 2.构建网络零售法规标准体系

针对网络零售交易、信用、物流、供应链协同等环节,国家正在制订一批具有前瞻性、可行性、开放性、兼容性的法规、规范、标准,关键法律和条款要及时制定实施细则,维护网络零售交易秩序、防范交易风险。它具体内容包括电子商务网站建设及其相关法律问题、在线交易主体及市场准入问题、电子合同问题、电子商务中产品交付的特殊问题、在线不正当竞争、网上电子支付问题、在线消费者权益保护问题、个人隐私及权益的保护、在线交易法律适用与争议解决问题及跨境网络零售交易的各类法律问题。

## (二)加强网络交易的监管

### 1.规范网络市场的竞争秩序

国家规范网络市场的竞争秩序具体体现在以下三个方面:一是推动市场主体多元化,推动形成有效竞争的网络交易市场结构。在支持行业龙头企业发展的同时,国家正在重点培育一批管理运营规范、成长潜力广阔的网络销售企业,优化市场结构、提高竞争活力、促进资源优化配置。二是督促第三方交易平台承担企业主体责任、强化社会责任。贯彻落实有关管理规定,企业应认真执行《第三方电子商务交易平台服务规范》等行业规范和标准。三是加强网络交易市场的督导检查。检查重点包括服装等交易量大商品、高端物品、危险品、服务类商品等,检查时期包括日常、节假日、高峰时段等。国家坚决打击网络销售假冒伪劣和侵犯知识产权商品、利用电子商务开展传销活动、不规范竞争等违法和违规行为。

### ▶▶ 2.跨境电子商务的规范发展

跨境电子商务交易种类多、频次高、单次交易体量小、发展速度快,其通关、结汇、退税方面还面临一些障碍;同时,随着跨境快件、邮件数量的快速增长不仅对海关的监管提出了新的挑战,也面临国外的贸易摩擦风险。国家正在积极落实跨境电子商务企业与口岸管理相关部门的业务协同与数据共享,解决收结汇和退税等难题,多做少说;长期看要统筹规划、合理布局,鼓励企业多种方式建立海外仓储设施,走正常通关程序解决当前存在的灰色通关问题,从而研究出台跨境电子商务标准规范。

### ▶▶ 3.网上经营税务登记制度的研究制定

网上经营税务登记制度的研究制定主要体现在以下三个方面:一是对已办理工商注册、税务登记的自营模式的互联网经营主体可根据税收征管的需要,结合工商注册的内容、参考工商部门的做法要求经营自营模式的互联网主体进行非强制性的税务备案,即登记网站的名称、域名、IP 地址、管理负责人、ISP 提供商、服务器所在地地址、联系办法等内容;二是对已工商注册尚未税务登记的自营模式的互联网经营主体,税务局可定期和工商机关进行数据交换。从工商部门获取符合税务机关征管工作需要的数据要求纳税人办理税务登记等进行税源的管理工作;三是对电子商务平台上无独立域名的经营主体,除要求进行工商注册、税务登记外,我们可考虑要求电子商务平台网站对其电子商务平台上的经营主体(即网上店铺)实行统一管理,对达到税收起征点的店铺实行代扣代缴税款。此外,我们还应当对网络虚拟公司的税务登记、电子发票开具、交易信息提供和比对及纳税申报等措施进行研究,从而制定相关的网上虚拟公司税务登记办法。我们应明确税收管辖权确定原则和税款入库方式使纳税人真正做到足不出户便可完成税务登记、货物销售、发票开具、纳税申报、税款缴纳等业务。

### ▶▶ 4.政府相关部门要加强信息共享与协同监管

政府相关部门应按照鼓励创新与规范发展并举的原则加强协作、形成合力,从而共同促进网络购物持续健康发展。我们建议工商、商务、信息化、税务、银行、公安、海关、质检、邮政、特殊商品监管、知识产权等有关部门加强信息共享和联合监管,共同打击网上诈骗、售假、违禁品交易等行为。这不仅可以实现购物网站和网络商家信息的真实性、可靠性和可查询,还可以确保有关部门对网络购物交易行为和交易过程的有效监管。同时,国家正在积极完善信用监督和失信惩戒机制,从而促进网络购物商业信用体系的构建、营造诚信的网络购物环境。

### (三)完善基于网络经济的市场主体信用评价体系

探索信用建设有效模式,构建诚信网络消费环境。国家正在积极加大政府信息公开力度,各部门所掌握的与企业诚信评价相关的资质、许可认证等信息尽可能在网络上公开或者开放接口以供有需要的网络零售平台对接。按照商务信用体系建设总体要求,国家选取网络零售交易与服务主体在网络零售领域探索信用建设的有效模式,研究建立涉信执法信息开放共享和规范信用信息服务的体制、机制;在电子商务示范城市率先开展网络零售信用体系、信用服务标准和信用服务监管等方面的研究;适时启动面向网络零售服务企业的在线信用信息服务平台试点工程建设,从而形成信用建设良好氛围和可持续保障机制。我们应该探讨国内外电子商务诚信体系的对接,从而降低跨境网络零售交易风险。

发挥政府主导作用,建立各方参与的信用评价体系。它具体体现在以下四个方面:一是政府进一步完善电子商务信用服务政策、标准的研究建立健全电子商务信用制度。政府制订管理电子商务经营网站、交易管理规范及信用信息、失信惩戒与诚信褒奖等实施细则。二是扶植第三方信用服务机构建设电子商务信用评估认证体系。政府大力发展第三方信用评估服务机构,支持其开展电子商务信用评价、认证、征信等专业服务,并提高信用服务产品结果的应用价值,定期公布电子商务企业信用"红黑名单",促进守信得益失信受制。三是建立电子商务信用信息数据库。政府支持具有一定规模的第三方信用评估服务机构建设数据库,从而实现信用信息的可持续更新;为政府部门全面掌握我国电子商务应用发展的结构、规模、趋势、问题,实现电子商务统计监测、信用信息共享、应用促进和行业监管等功能提供依据。四是研究电子商务信用数据共享机制。政府以第三方电子商务信用服务机制为基础,建立数据信息共享、交互机制。需要查询、使用数据信息的个人或机构必先提供数据,实现数据有效更新,并在合适的时机,推动与全国征信系统的互联互通。

### (四)建设网络消费安全体系

#### ≫ 1.加强网络运行安全与系统安全管理

我们建议电信运营商加强信息出入口的安全性监控,加强网络运行管理和病毒检测,并牵头建立符合网络购物特征的专用网络服务方案以满足购物网站对网络安全性及数据备份的特殊要求。它可以确保跨平台网络切换的互联互通。同时,我们建议相关部门建立网络购物安全评测管理中心,定期进行相关安全软硬件设施产品评测认证、网络购物系统安全评测及购物网站安全等级认证。

#### ≫ 2.建设电子商务安全认证体系

我们应该建设规范的安全认证体系,加强电子签名、密钥、数字证书和认证机构管理,同时大力提倡使用可靠电子签名,进一步发挥可靠电子签名在电子商务保障体系中的基础性作用,从而促进电子商务的健康发展。除此之外,我们建议由政府主管部门指导,充分发挥行业协会、大型网站、技术企业及认证机构的作用加快电子认证应用标准规范的制定工作,从而尽快制定一批急需的和关键性的标准规范。

#### ≫ 3.构建网络消费信息安全保障制度

我们建议相关部门尽快制定网络消费信息安全保障管理办法明确企业的责任和义务,督促企业注重提高自身网络安全性,从而承担起对交易安全性、客户信息保密的责任。同时,在使用交易系统的过程中,用户的个人信息不暴露、用户名义不被盗用、交易过程等各方面的安全。

# 参考文献

[1]贾卫丽,杨戴仪.物流业发展对城乡居民消费差距的影响分析[J].惠州学院学报,2020,40(01):89—93+128.

[2]张恒龙,姚其林.基于城乡居民消费行为分析视角的扩大内需研究[J].求是学刊,2020,47(01):62—74+181.

[3]薛玮,赵媛.人口老龄化、城乡居民养老保险与居民消费——基于省际面板数据的实证分析[J].南京师大学报(自然科学版),2019,42(04):162—168.

[4]肖育才,钟大能.基本公共服务供给对城乡收入差距影响:基于不同收入来源的视角[J].西南民族大学学报(人文社科版),2020,41(03):105—114.

[5]温桂荣,黄纪强,崔若男,等.税收负担对城乡居民消费的门槛效应分析[J].经济地理,2020,40(01):50—56.

[6]李金勇,党晨晨.本·阿格尔生态危机理论及其对建设美丽中国的启示[J].技术与创新管理,2020,41(01):98—101.

[7]魏妍妍.移动支付背景下大学生非理性消费现状及思想政治教育对策[J].产业与科技论坛,2020,19(01):153—154.

[8]周兴建,尤文静,徐伊平.考虑理性消费行为下的时尚服装供应链运营策略[J].武汉纺织大学学报,2019,32(06):54—58.

[9]张澜,马自超.当代消费主义思潮影响下大学生消费心理及行为的研究[J].锦州医科大学学报(社会科学版),2019,17(06):78—81.

[10]王雅茜,吴文文.浅析"双十一"期间大学生的网络消费心理和消费行为[J].新闻研究导刊,2019,10(23):213—214.

[11]张成林,梁菊芳.大学生消费亚文化现状调查分析[J].韶关学院学报,2019,40(11):23—26.

[12]李志鹏,刘白明,王桃珍.当代青年过度消费的问题、成因与对策分析[J].青年发展论坛,2019,29(06):87—92.

[13]吴文洁.高校学生非理性消费观的原因分析及引导教育[J].江西电力职业技术学院学报,2019,32(10):93—94+96.

[14]金浏河,金建江.中国大陆游客出境旅游购物非理性消费因素研究[J].武汉商学院学报,2019,33(05):11—17.